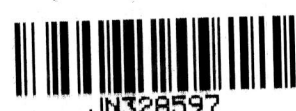

考えよう

学校の
カラー
ユニバーサル
デザイン

教育出版

はじめに

「赤線の部分は重要ですよ」
「ピンクの四角の中を読みましょう」
「地図のオレンジ色のところは何を示していますか」
「草花の色は何色から何色に変化しましたか」

本，パンフレット，冊子，WEB，看板，地図，路線図，料金表，エレベータ，施設など，あらゆる物につけられた色は，イメージを演出したり，情報を伝える手段として当たり前に使われています。これは，学校においても例外ではないでしょう。

しかし，色の見え方は，人それぞれに異なるといわれており，一般的な色覚の子どもと色弱の子どもの見分けやすい色・見分けにくい色は，とても異なります。そのため，先生がわかりやすいようにと思ってつけた色づかいが，色弱の子どもなどには，かえって色による情報がわかりにくくなったり，色づけられた情報が伝わっていないことがあります。

色弱の子どもへの“配慮”と“正しい指導”が求められている

色覚検査で「色覚異常」と診断された子どもを，本書では「色弱の子ども」と呼んでいます。色覚は，血液型と同じようにいくつかの型があり，色弱はそのひとつで血液型のAB型と同じぐらいの割合です。平成14年に色覚検査が健康診断の必須項目から削除されたことなどから，自分が色弱であることに気づいていない児童生徒は少なくありません。保護者が気づいていない場合もあります。

また，自分が色弱だと知っている子どもであっても，他の人と自分の色の見え方の違いはわからないため問題に気づいていないことが大半で，色に関して自分から困ることや不便さを言うことはまれです。就職にあたって“自分が色弱である”ことに直面するという問題を解決するためにも，色覚について正確な知識を持ち，学習指導，生徒指導，進路指導において配慮と適切な指導が求められています。

本書では，色弱の子どもたちがどのような場面で困るのか，また，どのような改善方法があるのかなどを，できるだけわかりやすく書くことを心がけました。学校のカラーユニバーサルデザインに取り組むときの参考図書としてご活用いただければ幸いです。すべての子どもたちが，色づかいに関しても安心して学校生活を送ることができるように願っています。

彼方　始

目次

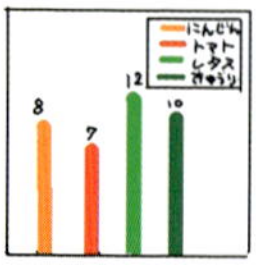

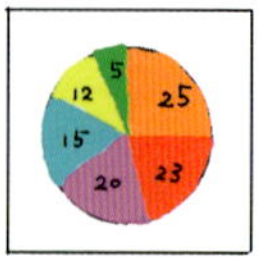

えんそく
しゅうごう時間
・8時30分
もちもの
・おべんとう
・すいとう
・ぼうし
・ますく
はーい
はーい

12番線
おれんじいろ
みかん村行
11番線
きゃべつ町行
きみどりいろ

I

「ぴーたの日記」

ぴーた君は，小学校3年生。友達と遊ぶことも，学校で勉強することも，サッカーをすることも，絵を描くことも大好きな，元気いっぱいの男の子です。

そんなぴーた君ですが，ときどきちょっと困ってしまうことがあるようです。

ぴーた君の書いた絵日記を読んでみましょう。

ぼくの おはなし

ぼくの なまえは、ぴーたです。

となりに いるのは、ともだちの いちろうです。

これから ぼくの おはなしを します。

げつようび みっちゃんと たんけん。

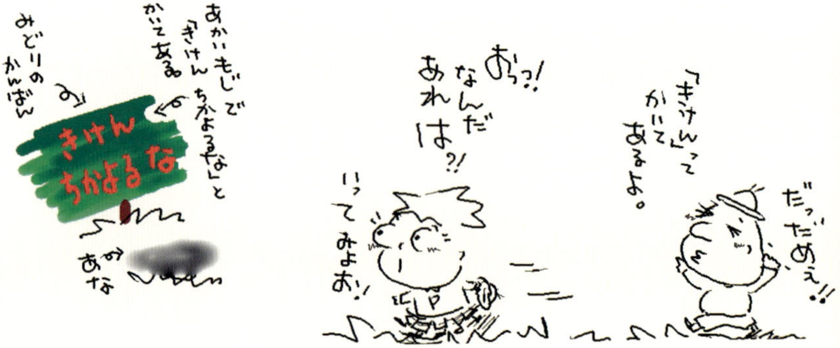
みどりのかんばん
あかいもじで「きけん ちかよるな」と かいてある。
きけん ちかよるな
あな
おっっ?!
なんだ あれは?!
いってみよお!!
「きけん」って かいてあるよ。
だっ、だめえ!!

ともだちの みっちゃんと あそびました。
ぼくは あなに おちそうに なりました。
みっちゃんが いたので たすかりました。
みっちゃん ありがとう。

かようび
ぼくは おとなに
なったら かがくしゃに
なりたいです。

みどりの こくばん
あかいちょうくで「○がつ○にち」「りかの じかん」とかいてある。
○がつ○たち
りかのじかん
では、みんなで「あかいしかく」のなかをよみましょう。
あか？
どこお？
（ぼくには くろに みえます。）

ぼくは りかが すきです。
しゃかい も さんすう も すきです。
でも、ときどき きらいに なります。

すいようび
みっちゃんと こうえんに
いきました。

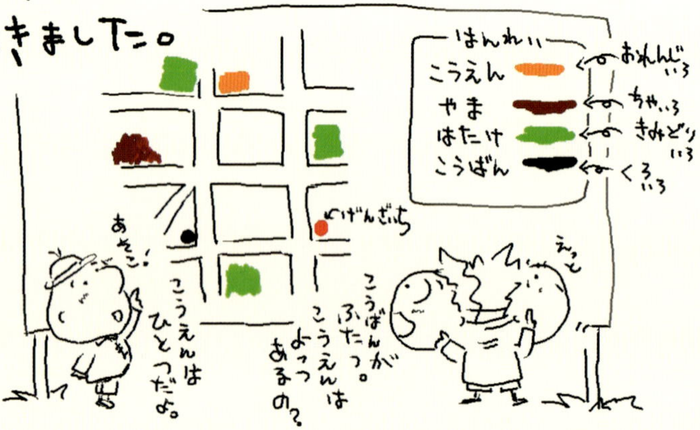

ちずって なんのために
あるんだろう。

もくようび
さっかあを しました。

ぼくは、やきゅうが すきです。
さっかぁは、ときどき あいてのちいむに ぱすを
するので みんなに おこられます。 きょうは、
2かい まちがえました。 あしたは、がんばります。

きんようび
やきにくを　たべました。

いい においだなあ。
あかいろ？
やけた やけたあ。
「あかいろ」が なくなったら たべられるわよ。
なまにく
やきにく
そうす
おしょうゆ
たまねぎ
ぴいまん

ときどき　おにくを　たべます。
きょうは、おやさいも　たくさん
たべました。おいしかったです。

どようび
おじいちゃんの いえに
いきました。

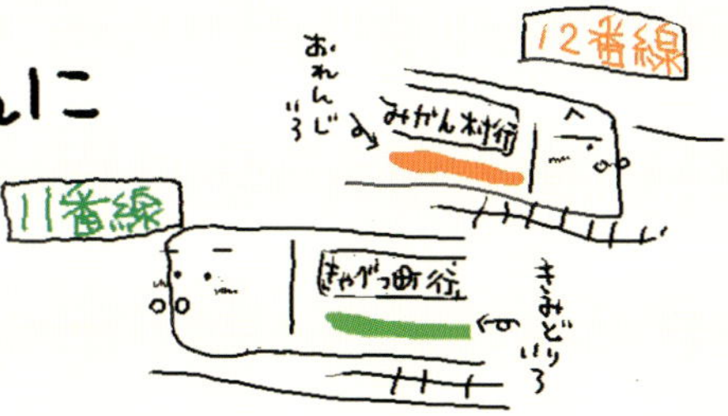

おかあさんと、 おじいちゃんのいえに
いきました。
おじいちゃんが よろこんで くれたので
また いきたいです。

にちようび

おとうさんと げえむを

しました。

はしるは、ひだりのまるボタン
あるくは、まんなかのさんかくボタン
とまるは、みぎのバッテン
わかったかい？
わかった！

おとうさんは げえむが つよいです。

ぼくも おとうさん みたいに

つよく なりたいです。

ぼくには
わからない 色《いろ》が ある。
なぜ かな。

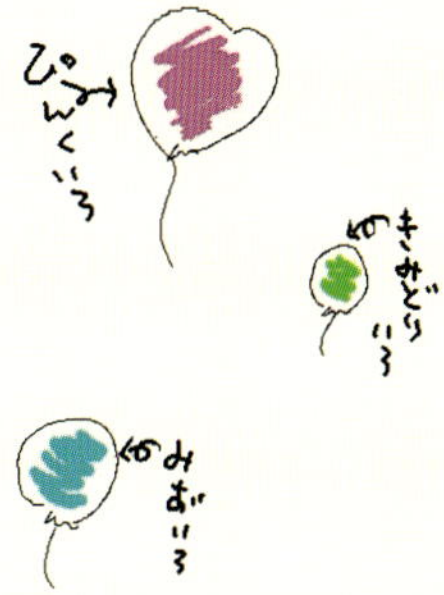
ぴんくいろ
きみどりいろ
みずいろ

おれんじいろ
ふうせんだなあ。

ぼくは くれよんで えを かくことが
すきです。でも おともだちに いろが
おかしいと いわれました。
なんでかな。

ぼくは、
みんなと なかよく
したいです。

あか いろは、どんな いろですか。
みずいろは、どんないろですか。
もも いろは、どんな いろですか。

がっこうに
くどう せんせいが
きた。

くどうせんせいの
じゅぎょう

わたしの
なまえは
くどうです。
みなさん
こんにちは。

きょう、くどうせんせいの　じゅぎょうが
ありました。とても　たのしかったので
おかあさんに　おはなしを　しました。
「おかあさん、あのね・・・・

ふしぎな めがね

このめがねをだれかかけてくれますか。
きょうはみんなとたのしいじっけんをしたいとおもいます。
はーい!
なんだっ?

くどうせんせいは、ふしぎな めがねを
もっていたよ。
そのめがねを ようちゃんが かけたんだ。
そうしたらね・・・

おどろいたんだぁ
ぼくも。

このりんごは なにいろに みえますか？
このほうれんそうは なにいろに みえますか？
くろ……ん？!
ちゃいろ？
ぼくも!!
ぼくも！

めがねを つけた ようちゃんは
ぼくと おなじ いろが
みえるように なったんだよ。

いろのなまえは
いわないでね、げぇむ

○さん ■さん
1 0

ぼく、しかくさん
ちいむ
こっち
こっち

ぼく、まるさん
ちいむ

みんなが
いろのるうるを
まもれば
みんなでたのしく
あそべます。

それから、げぇむを したんだ。
ないしょで ようちゃんに
「これ、なにいろ？」って きいたら、ぼくと
おなじだったよ。うれしかったなあ。

いろのみえかた いろいろ

どうぶつたちは
いろのみえかたが
みんな ちがうんだよ。

ぼくね、ようちゃんや めっちゃんと
おなじいろに みえなくて いやだったんだ。
がっこうでも こまることが あった。
だけど・・・

くどう せんせいが いったんだ。
「ぼくたち にんげんも いろの みえかたは
いろいろ あります。たとえば、くどうせんせいは
りんごと ほうれんそうが、おなじいろに みえます。」

「かたち」や「におい」、「てでさわったかんじ」が
ちがうものは、まちがえることは、ありません。
でも、「あかいろのものをとってください」と
いわれると、せんせいは こまってしまいます。

これでいいのだ。

ぼくの「こまったなぁ」は、こうして
いなくなりました。みなさんも
「いろのなまえは、いれないでね、げぇむ」を
はじめてほしいなぁ とおもいます。おしまい

Ⅱ

どう困る？ どう工夫する？

― 学校のカラーユニバーサルデザインの具体例 ―

一般的な色覚の子どもと，色弱の子どもの色の見え方は異なるため，学校生活でも困ってしまうことがあります。

この章では，色弱の子どもがどんな場面で困るのか，そしてどんな改善方法があるのかを具体的に紹介していきます。

私のクラスにも
ぴーた君のように
色弱の子どもが
いるかもしれないわね
でも
何からはじめたら
いいのかしら……

先生

この章の読み方

この章では，ぴーた君のような色弱の子どもが，学校生活で困ったり戸惑ったりする場面を取り上げ，改善方法や，あらかじめ配慮できることなどを解説していきます。それぞれのページは，以下のように構成しています。

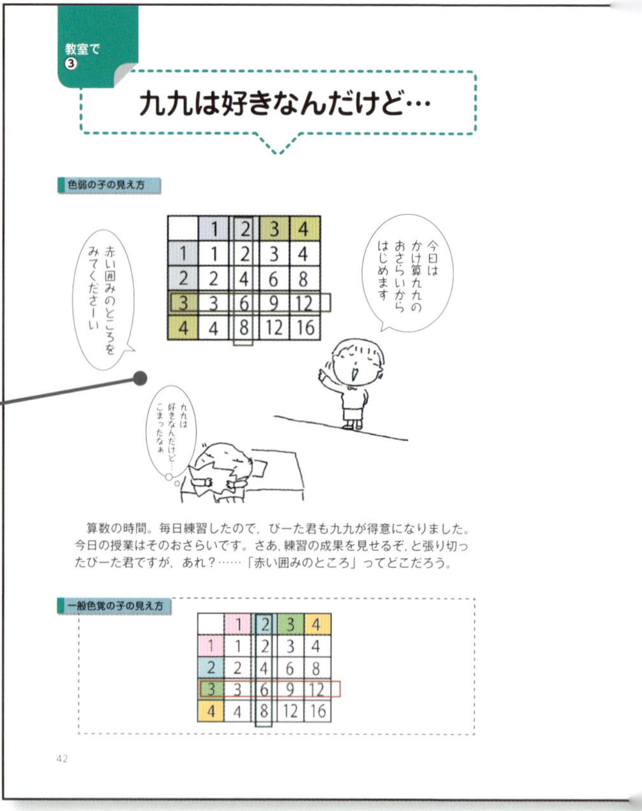

教室で ❸

九九は好きなんだけど…

色弱の子の見え方

	1	2	3	4
1	1	2	3	4
2	2	4	6	8
3	3	6	9	12
4	4	8	12	16

赤い囲みのところをみてくださーい
今日はかけ算九九のおさらいからはじめます
九九は好きなんだけど…こまったなぁ

算数の時間。毎日練習したので，ぴーた君も九九が得意になりました。今日の授業はそのおさらいです。さあ，練習の成果を見せるぞ，と張り切ったぴーた君ですが，あれ？……「赤い囲みのところ」ってどこだろう。

一般色覚の子の見え方

	1	2	3	4
1	1	2	3	4
2	2	4	6	8
3	3	6	9	12
4	4	8	12	16

42

色弱の子どもの色の見分けにくさの例を，シミュレーション画像で示しています（注：色の見え方は人によりさまざまです。ここに示すのはあくまでもシミュレーションであり，実際の色の見え方を示したものではありません）。

アイコンの説明

配色の改善

色弱の子どもにも見分けやすい色の組み合わせ（102ページ参照）や，明るさ（明度），あざやかさ（彩度）が異なる色の組み合わせを用います。

色以外の情報

色以外の情報も補うようにすると伝わりやすくなります（例：「赤い文字のところを読みましょう」→「赤く太い文字のところを読みましょう」など）。

※「色弱」「一般色覚」の呼称については94，96ページをご覧ください。

色弱の子どもが具体的にどのように困るのかを示しています。

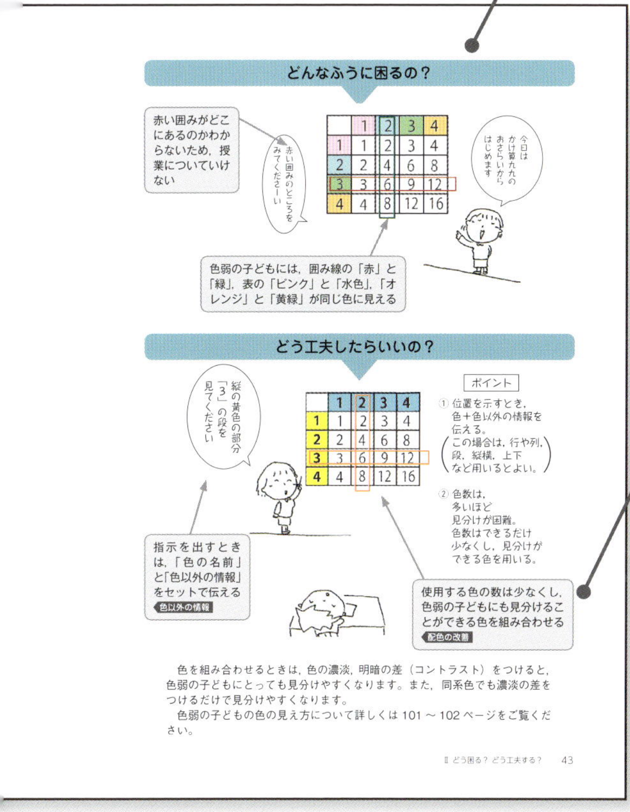

どんなふうに困るの？

赤い囲みがどこにあるのかわからないため，授業についていけない

赤い囲みのところをみてくださーい

	1	2	3	4
1	1	2	3	4
2	2	4	6	8
3	3	6	9	12
4	4	8	12	16

今日はかけ算九九のおさらいからはじめます

色弱の子どもには，囲み線の「赤」と「緑」，表の「ピンク」と「水色」，「オレンジ」と「黄緑」が同じ色に見える

どう工夫したらいいの？

縦の黄色の部分「3」の段を見てください

	1	2	3	4
1	1	2	3	4
2	2	4	6	8
3	3	6	9	12
4	4	8	12	16

ポイント

① 位置を示すとき，色＋色以外の情報を伝える。
（この場合は，行や列，段，縦横，上下など用いるとよい。）

② 色数は，多いほど見分けが困難。色数はできるだけ少なくし，見分けができる色を用いる。

指示を出すときは，「色の名前」と「色以外の情報」をセットで伝える
色以外の情報

使用する色の数は少なくし，色弱の子どもにも見分けることができる色を組み合わせる
配色の改善

色を組み合わせるときは，色の濃淡，明暗の差（コントラスト）をつけると，色弱の子どもにとっても見分けやすくなります。また，同系色でも濃淡の差をつけるだけで見分けやすくなります。

色弱の子どもの色の見え方について詳しくは101～102ページをご覧ください。

Ⅱ どう困る？ どう工夫する？　43

改善の方法や配慮すべきことなどを示しています。
どの視点からの改善であるかを，アイコン（下記参照）で示しています。

色の教育
色弱の子どもに，何が何色であるか，一般的な色覚の人の色の見え方を教えることも大切です。

周囲の理解・配慮
色の見え方が異なることで正しい情報を受け取ることができない環境となっていないかを，周囲の人が意識できるようになることが大切です。

学校へ行くとき

ぴーたくん おーはーよー。
近所の6年生
行ってきまーす。
ぴーた君 3年生

➡ ① 水色のランドセルの子…？

ぴーた君、水色のランドセルの子と手をつないで。あの子 1年生だから。
みずいろ？

おにいちゃん あの犬の名前「チャコ」って言うんだよ。茶色だから なんだって。
へぇー。
茶色だったのかぁ。黄緑かと思ってた。

➡ ② 茶色だから「チャコ」かぁ…

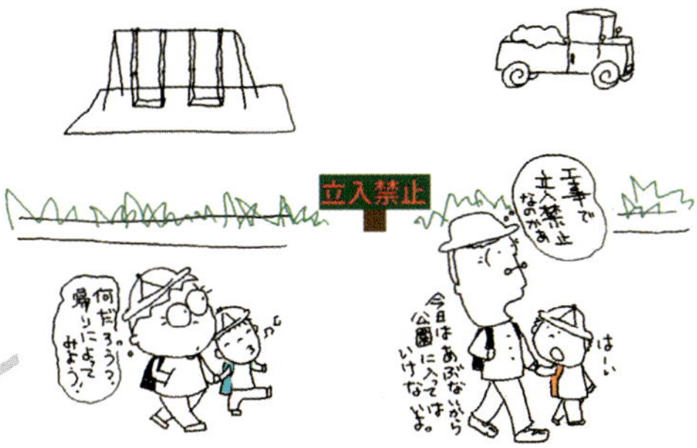

➡ ③帰りに公園で遊んでいこう

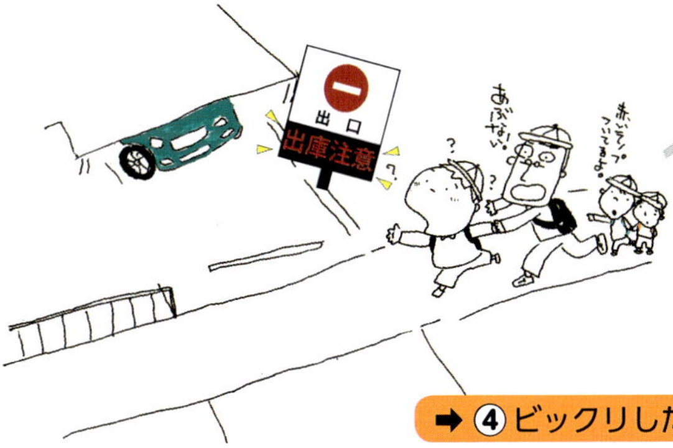

➡ ④ビックリしたあ!

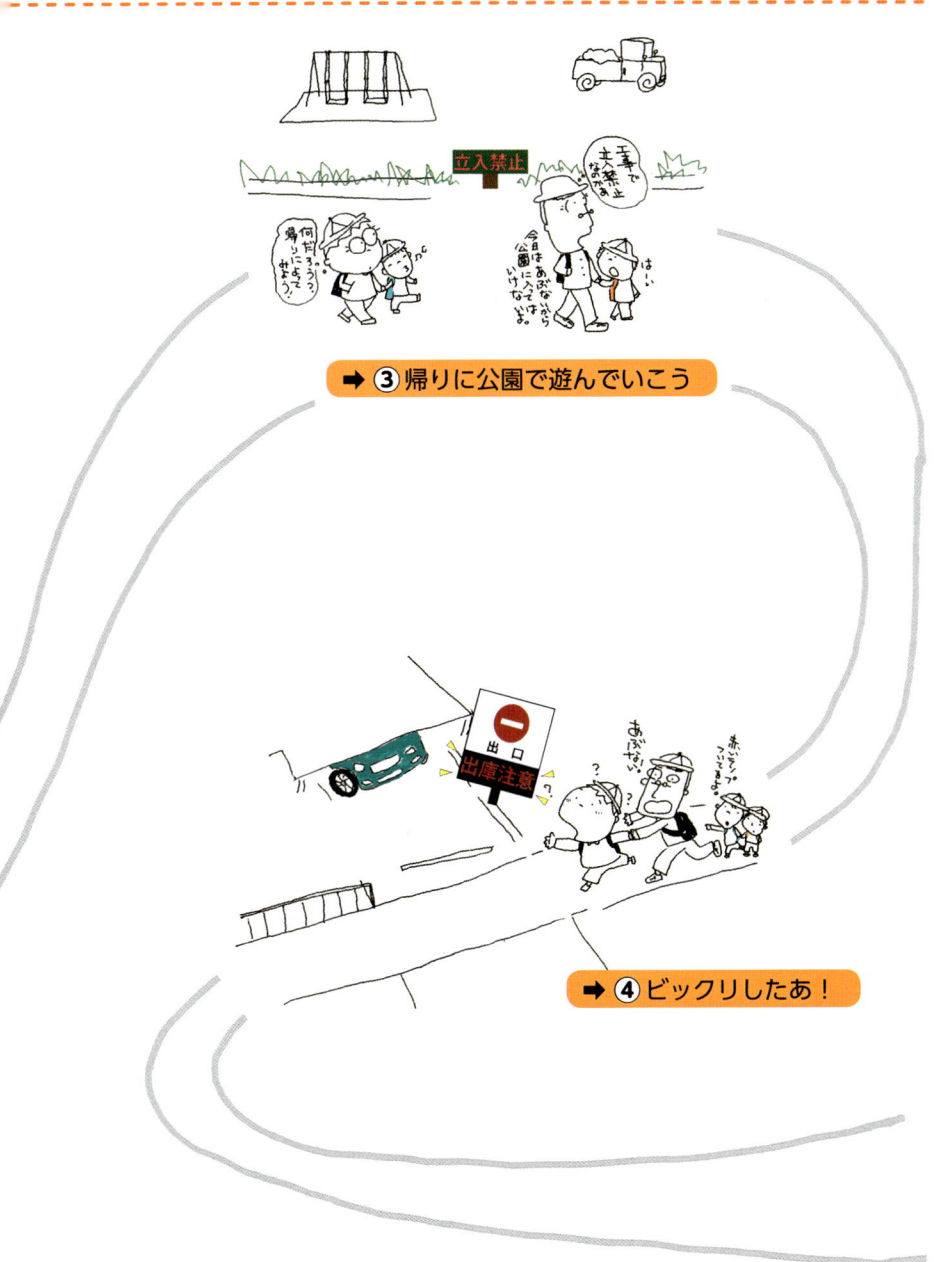

学校へ行くとき①

水色のランドセルの子…？

色弱の子の見え方

ぴーた君 水色の ランドセルの子と 手をつないで あの子 1年生だから
みずいろ？

4月，ぴーた君の登校班にもかわいい1年生が加わりました。6年生のお兄さんがぴーた君に，「1年生と手をつないであげようね」と言っています。でも「水色のランドセル」の子ってどの子だろう……？

一般色覚の子の見え方

どんなふうに困るの？

みずいろ？

色弱の子どもは「水色」がどんな色かわからないため，どの子どもと手をつなげばよいのか戸惑ってしまう

どう工夫したらいいの？

ぴーた君
手を広げている
男の子と
手をつないで
はい
右の子ね
色の見え方は
みんな同じで
ないことを
どこかで教える
ことが大切ね
先生

ユニバーサルデザインの授業などで「色のユニバーサルデザイン」が必要なわけを教える 色の教育

カラーユニバーサルデザインに取り組むためには，色弱の子どもの色の見分けにくさを知ることも大切です。手軽な色弱模擬フィルタ「バリアントール」やシミュレーションソフトなど（99 ページ参照）を活用して確認してみるのもよいでしょう。

学校へ行くとき②

茶色だから「チャコ」かぁ…

色弱の子の見え方

おにいちゃん
あの犬
茶色いから
「チャコ」って
いうんだって
へぇー
茶色だったのかぁ
黄緑かと思ってた

1年生の子がぴーた君に，「あの犬，茶色だからチャコって言うんだよ」と教えてくれました。ぴーた君は，今までこの犬は黄緑色だと思っていたようです。

一般色覚の子の見え方

どんなふうに困るの？

茶色だったのかぁ
黄緑かと思ってた
色弱の子どもは，初めて見るものと色の名前を関連づけることができないため，この犬が何色かわからない

どう工夫したらいいの？

おにいちゃん
あの犬
茶色いから
「チャコ」って
いうんだって
へぇー
茶色なのかぁ
動物の色にも
いろいろあるから
どこかで教える
ことが必要ね
先生
学校や家庭の中で，ものの名前を教えることが大切
色の教育

色弱の子どもが，自分の色の見え方は他の子どもと違うと気がつくのは，小学校生活であることが多いようです。

色弱について詳しくは 96 ページをご覧ください。

帰りに公園で遊んでいこう

色弱の子の見え方

工事で立入禁止なのかぁ
今日はあぶないから公園に入ってはいけないよ
はーい
何だろう? 帰りによってみよう!

学校へ行く途中にある公園。ブランコや楽しい遊具もあるので，ぴーた君はここで遊ぶのが大好きです。今日も「帰りによってみよう」と思っていますが，ちょっと待って。看板に何か書いてあるみたいだけど……。

一般色覚の子の見え方

立入禁止

どんなふうに困るの？

立入禁止

色弱の子どもは「暗い赤」と「暗い緑」は同じ色に見えるため，看板に書いてある文字に気がつかない

どう工夫したらいいの？

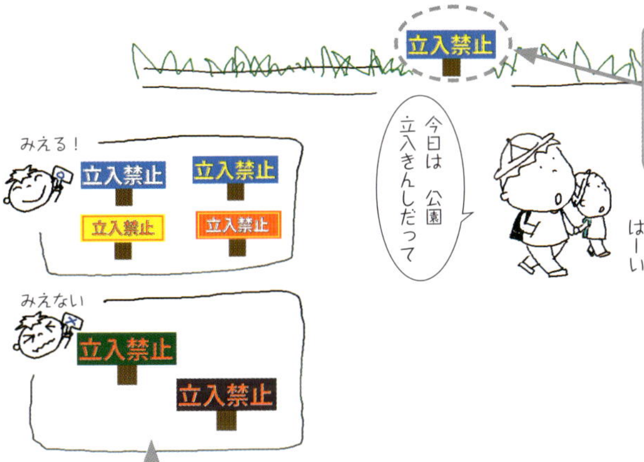
立入禁止
今日は公園立入きんしだって
はーい
みえる！
立入禁止
立入禁止
立入禁止
立入禁止
みえない
立入禁止
立入禁止

注意や危険を促す看板の色は，色弱の子どもにも目立つ色を選ぶ **周囲の理解・配慮**

背景の色が暗いときは，文字の色を明るくすると読みやすくなる **配色の改善**

何も書かれていない看板があったら…。好奇心から近寄っていく子どもがいるかもしれません。通学路や遊び場にある看板の文字は，色弱の子どもにも“見える”色づかいになっているでしょうか。

学校へ行くとき④

ビックリしたぁ!

色弱の子の見え方

「危ない！　ぴーた君，車が出てくるよ！」
「えっ？　うわっ，ビックリした」
「ほら，この赤いランプが光っているときは駐車場から車が出てくるんだよ」
「え？　赤いランプ……？」

一般色覚の子の見え方

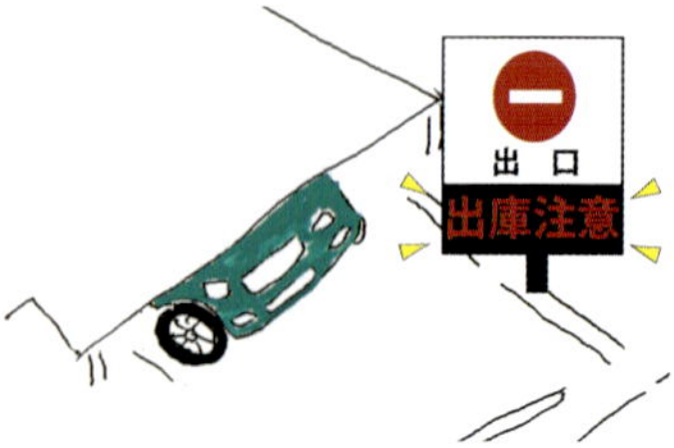

どんなふうに困るの？

出口
出庫注意

色弱の子どもは赤いランプが点いていることはわかりにくいため，見落とすことがある

どう工夫したらいいの？

保護者会
学校の行き帰り
一、注意が必要な所
どのような所があるでしょうか？
あのお店の車の出口は危ないわ
どうしたらいいかしら
そうそう

色弱の子どもの視線からも通学路で注意が必要な場所はないか話し合い，対応策も考える

周囲の理解・配慮

子どもたちの通学路や遊び場を「カラーユニバーサルデザイン」の視点で見回り，事故を未然に防ぎましょう。「避難経路」「電光掲示物」「案内」「路線図」などの表示は，色弱の子どもにも読みやすくなっているでしょうか？

カラーユニバーサルデザインについて詳しくは97ページをご覧ください。

教室で

キ〜ンコ〜ン
カ〜ンコ〜ン
2年
3年

1時間目：国語

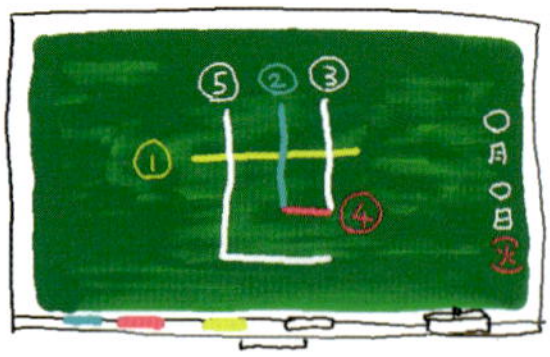
⑤ ② ③
①
④
○月 ○日

こまったぞ〜。

➡ ① 四番目は赤い線…？

赤丸、赤文字のところは、もう一度復習しておきましょう。
ぜ〜んぶ同じ色に見えるんだよね〜。

➡ ② 全部同じ色に見えるんだけど…

2時間目：算数

	1	2	3	4
1	1	2	3	4
2	2	4	6	8
3	3	6	9	12
4	4	8	12	16

九九は好きなんだけど…
こまったなあ。

➡ ③ 九九は好きなんだけど…

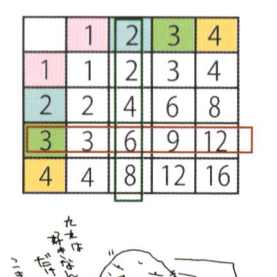

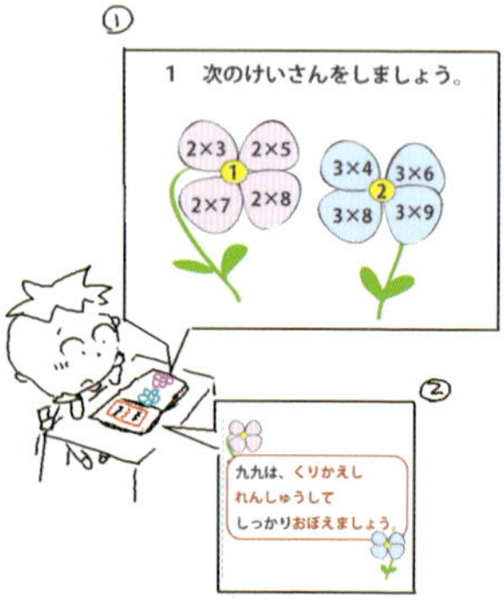
①
1 次のけいさんをしましょう。
2×3 2×5 2×7 2×8 1
3×4 3×6 3×8 3×9 2
②
九九は、くりかえし
れんしゅうして
しっかりおぼえましょう。

➡ ④ ピンクの花の計算…？

3 時間目：社会

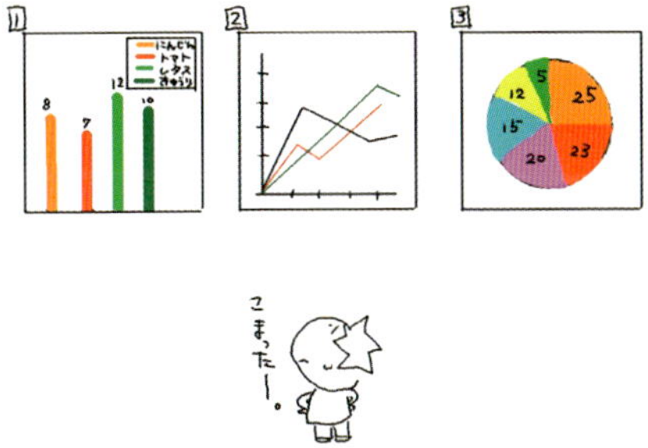

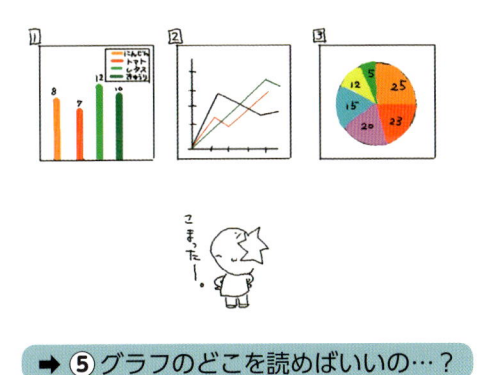

➡ ⑤グラフのどこを読めばいいの…？

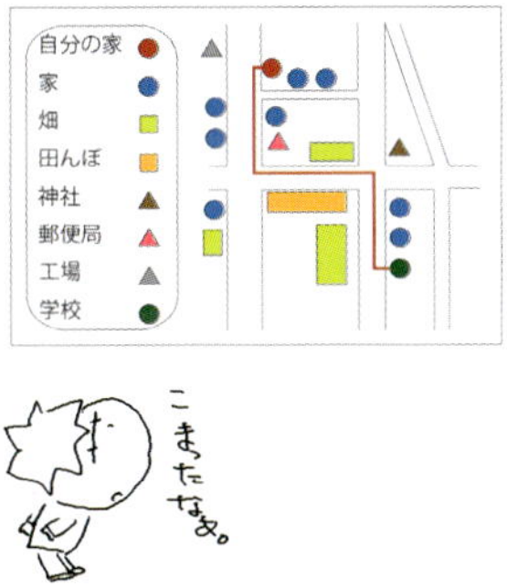

➡ ⑥地図ってむずかしい…

4 時間目：理科

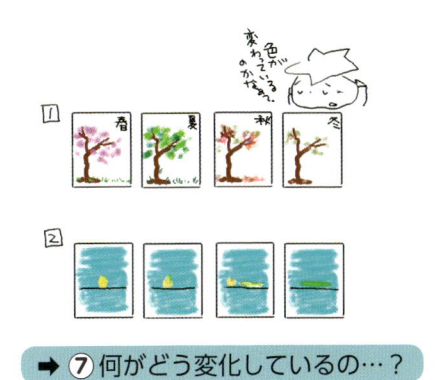

➡ ⑦何がどう変化しているの…？

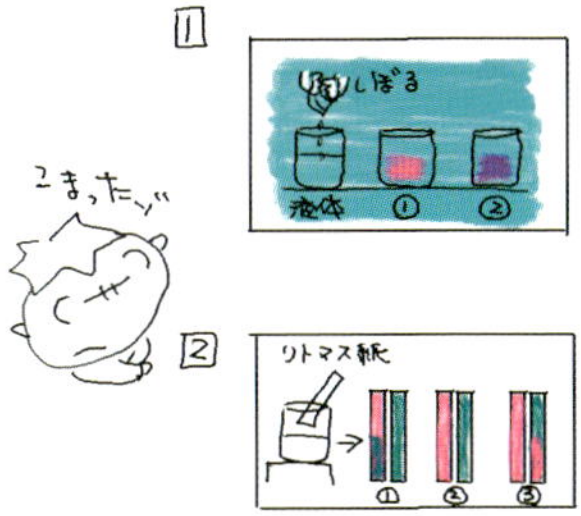

➡ ⑧薬品やリトマス試験紙の色

教室で①

四番目は赤い線…？

色弱の子の見え方

四番目は赤い線を書きます
はい そうです
こまったぞ〜

先生がいろいろな色のチョークを使って，漢字の書き順を教えています。「赤い線が４画目」ということですが……。

一般色覚の子の見え方

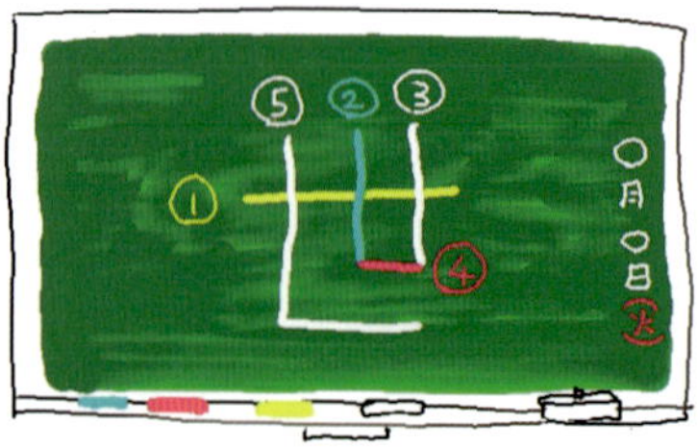

どんなふうに困るの？

こまったぞ〜

ある色弱の子どもは,「黒板の色」と「赤チョークの色」が同じ色に見えるため，④の数字と４画目の線が見えない

どう工夫したらいいの？

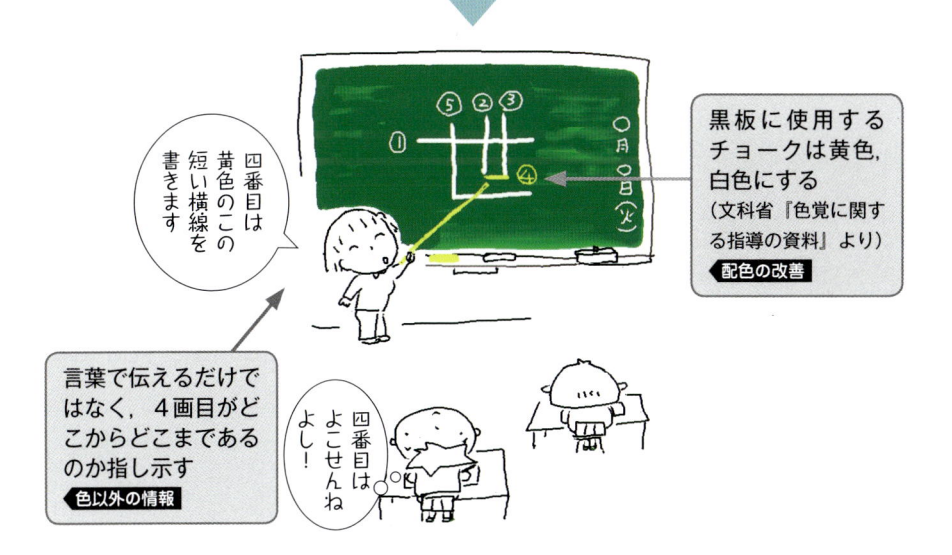

四番目は黄色のこの短い横線を書きます
四番目はよこせんねよし！

黒板に使用するチョークは黄色,白色にする
（文科省『色覚に関する指導の資料』より）
配色の改善

言葉で伝えるだけではなく，４画目がどこからどこまであるのか指し示す
色以外の情報

線が細いほど，また，見るものから離れているほど，色は見分けにくくなります。

黒板に書くときは，線は「太く」「大きく」を心がけましょう。

教室で
②

全部同じ色に見えるんだけど…

色弱の子の見え方

赤丸 赤文字の
ところは
もう一度
復習して
おきましょう
ぜーんぶ
同じ色に見えるん
だよねー

テストが返ってきました。間違えたところや大切なところを復習できるように，先生は赤い丸や赤い字でテスト用紙に書き込んでくれています。でも，ぴーた君には全部同じ色に見えてしまうみたい。

一般色覚の子の見え方

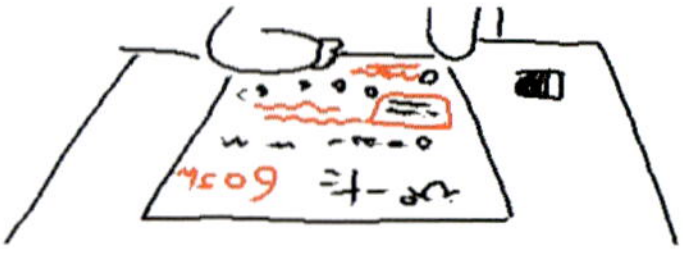

どんなふうに困るの？

赤丸　赤文字のところはもう一度復習しておきましょう
ぜーんぶ同じ色に見えるんだよねー

赤ペンで書いた文字は線が細いため黒文字と見分けにくく復習できない

どう工夫したらいいの？

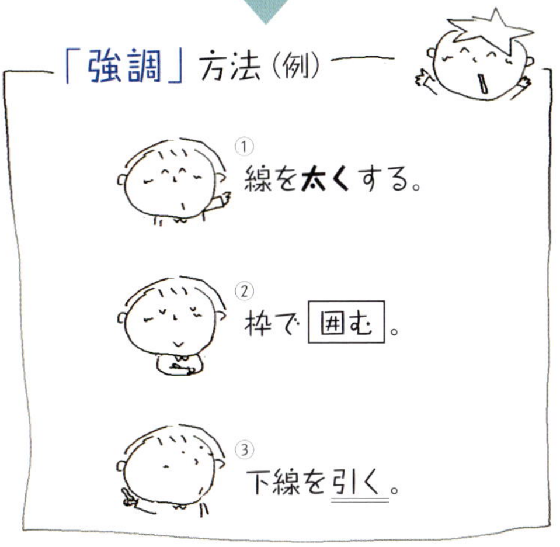
「強調」方法（例）
① 線を**太く**する。
② 枠で 囲む 。
③ 下線を引く。

重要なことを示すときは，色弱の子どもにも見分けることができる色を組み合わせた上で，併用して①，②，③などを用いる　色以外の情報

色の面積が小さいと，色は見分けにくくなります。重要なことを示すときも，色だけに頼らず，形を変えるなどの工夫をしましょう。

ペンの色の組み合わせ方について詳しくは 102 ページをご覧ください。

教室で ③

九九は好きなんだけど…

色弱の子の見え方

	1	2	3	4
1	1	2	3	4
2	2	4	6	8
3	3	6	9	12
4	4	8	12	16

今日はかけ算九九のおさらいからはじめます
赤い囲みのところをみてくださーい
九九は好きなんだけど…こまったなぁ

算数の時間。毎日練習したので，ぴーた君も九九が得意になりました。今日の授業はそのおさらいです。さあ，練習の成果を見せるぞ，と張り切ったぴーた君ですが，あれ？……「赤い囲みのところ」ってどこだろう。

一般色覚の子の見え方

	1	2	3	4
1	1	2	3	4
2	2	4	6	8
3	3	6	9	12
4	4	8	12	16

どんなふうに困るの？

赤い囲みがどこにあるのかわからないため，授業についていけない

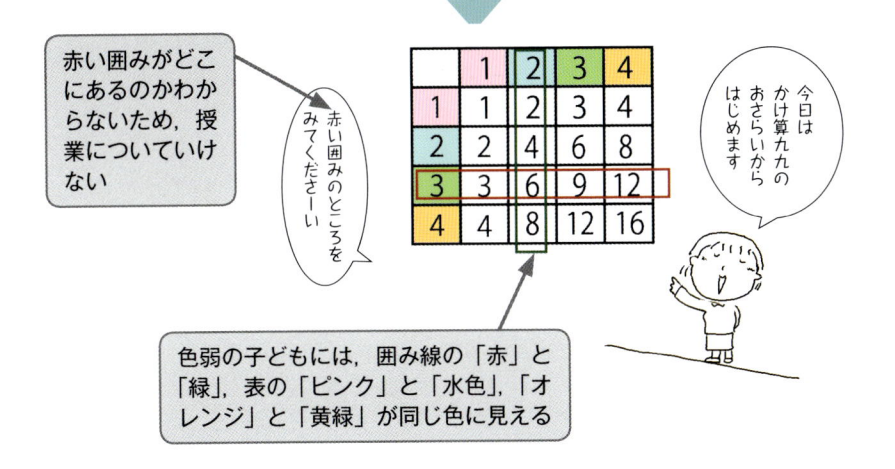

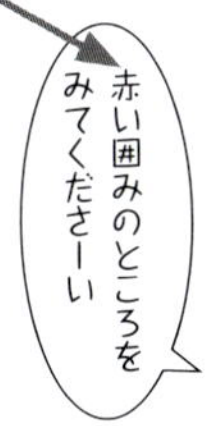
赤い囲みのところを
みてくださーい

	1	2	3	4
1	1	2	3	4
2	2	4	6	8
3	3	6	9	12
4	4	8	12	16

今日は
かけ算九九の
おさらいから
はじめます

色弱の子どもには，囲み線の「赤」と「緑」，表の「ピンク」と「水色」，「オレンジ」と「黄緑」が同じ色に見える

どう工夫したらいいの？

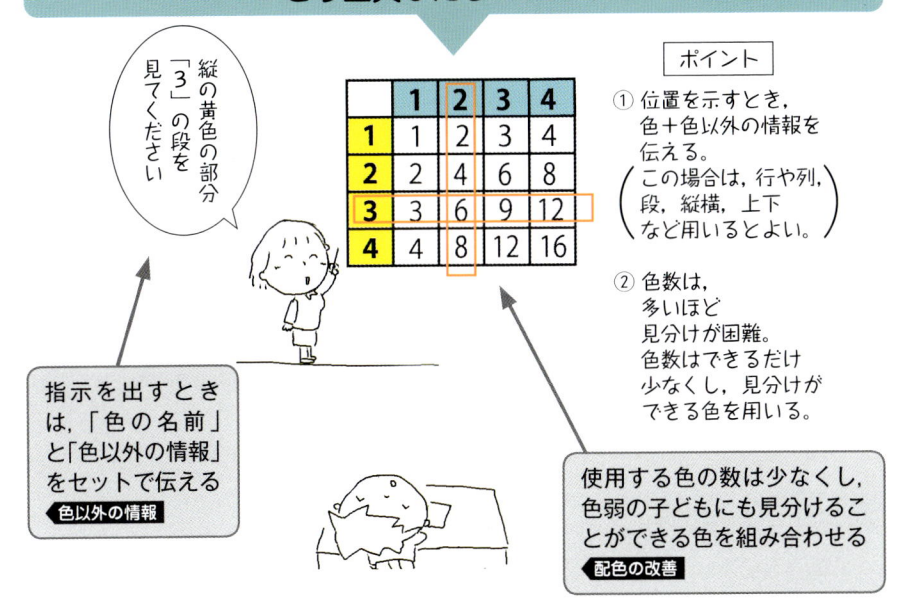

縦の黄色の部分
「3」の段を
見てください

	1	2	3	4
1	1	2	3	4
2	2	4	6	8
3	3	6	9	12
4	4	8	12	16

ポイント

① 位置を示すとき，色＋色以外の情報を伝える。
（この場合は，行や列，段，縦横，上下など用いるとよい。）

② 色数は，多いほど見分けが困難。色数はできるだけ少なくし，見分けができる色を用いる。

指示を出すときは，「色の名前」と「色以外の情報」をセットで伝える

色以外の情報

使用する色の数は少なくし，色弱の子どもにも見分けることができる色を組み合わせる

配色の改善

色を組み合わせるときは，色の濃淡，明暗の差（コントラスト）をつけると，色弱の子どもにとっても見分けやすくなります。また，同系色でも濃淡の差をつけるだけで見分けやすくなります。

色弱の子どもの色の見え方について詳しくは 101 ～ 102 ページをご覧ください。

教室で
④

ピンクの花の計算…？

色弱の子の見え方

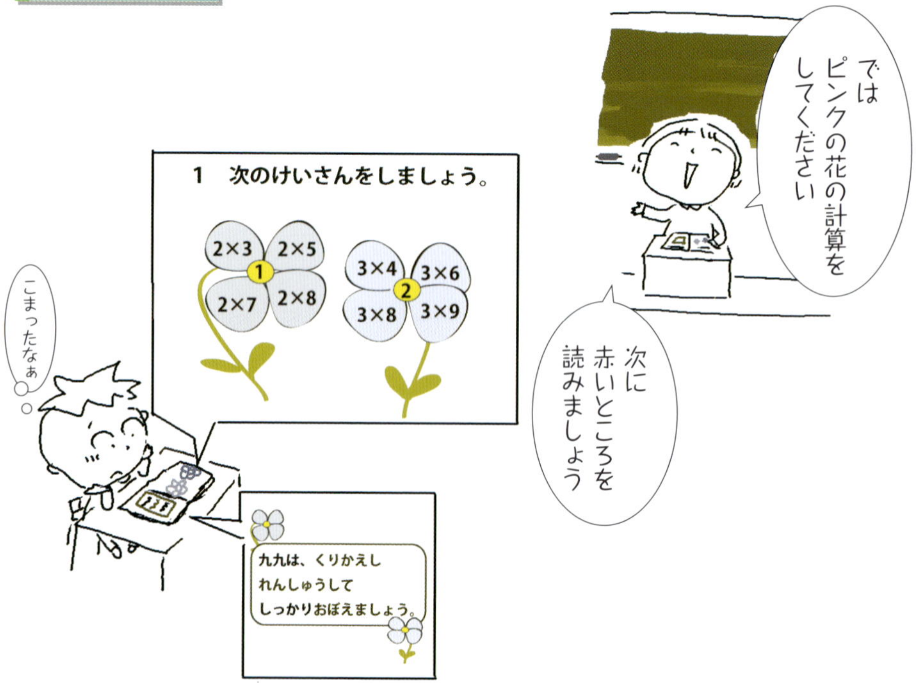

では
ピンクの花の計算をしてください
次に赤いところを読みましょう
こまったなぁ
1　次のけいさんをしましょう。
2×3　2×5　1　2×7　2×8
3×4　3×6　2　3×8　3×9
九九は、くりかえしれんしゅうしてしっかりおぼえましょう。

「ピンクの花の計算？」「赤いところ？」……うーん，困ったなあ。

一般色覚の子の見え方

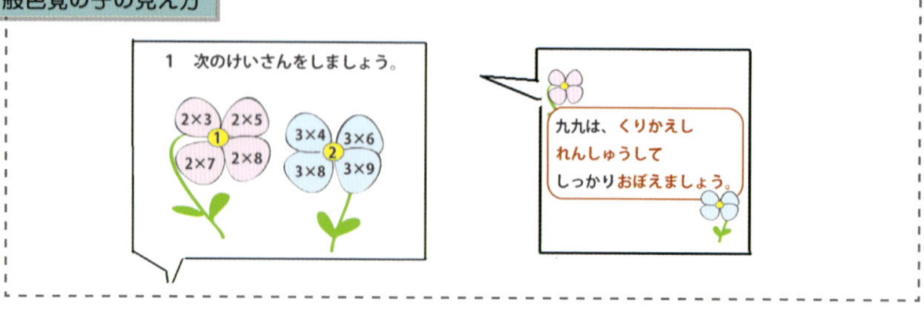

1　次のけいさんをしましょう。
2×3　2×5　1　2×7　2×8
3×4　3×6　2　3×8　3×9
九九は、くりかえしれんしゅうしてしっかりおぼえましょう。

どんなふうに困るの？

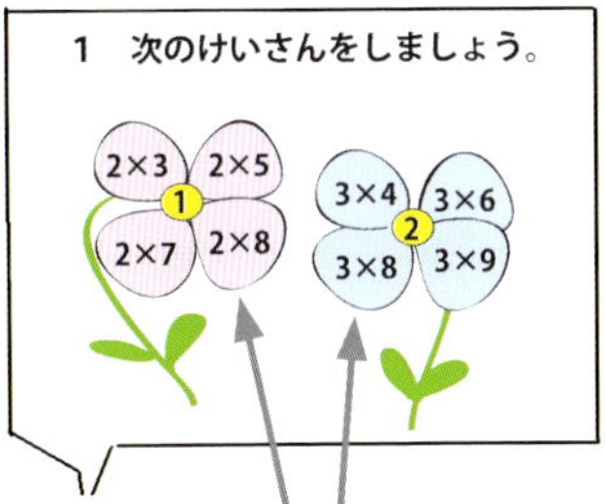
1　次のけいさんをしましょう。
2×3
2×5
1
2×7
2×8
3×4
3×6
2
3×8
3×9

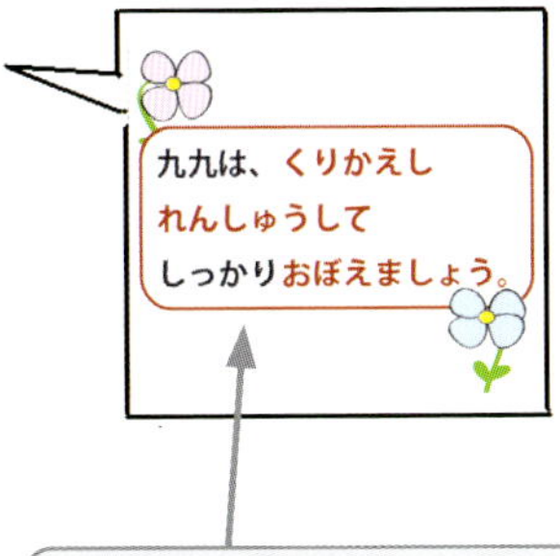
九九は、くりかえし
れんしゅうして
しっかりおぼえましょう。

色弱の子どもは，花びらのピンク色と水色が同じ色に見え，区別できずに戸惑ってしまう

色弱の子どもは，黒と赤の細い文字は同じ色に見えるため，読む場所を間違えてしまう

どう工夫したらいいの？

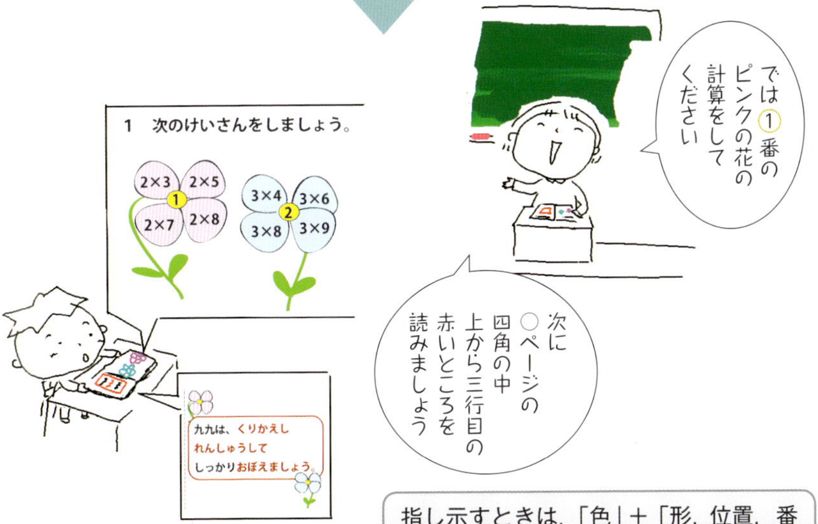
では①番の
ピンクの花の
計算をして
ください
1　次のけいさんをしましょう。
2×3
2×5
1
2×7
2×8
3×4
3×6
2
3×8
3×9
次に
○ページの
四角の中
上から三行目の
赤いところを
読みましょう
九九は、くりかえし
れんしゅうして
しっかりおぼえましょう。

指し示すときは，「色」＋「形，位置，番号など」のセットで伝える　**色以外の情報**

色弱の子どもにとって，彩度の低い色（パステル調）同士の組み合わせは，色の違いが分かりにくいです。指し示すときは，色の名前とともに番号や記号，位置も伝えるようにしましょう。

教室で
⑤

グラフのどこを読めばいいの…？

色弱の子の見え方

1
にんじん
トマト
レタス
きゅうり
8
7
12
10
2
3
5
12
25
15
20
23
グラフの赤い線（部分）の数字を読んでください
こまったー

社会科や理科などで出てくるグラフ。ぴーた君もグラフの情報を読み取ろうとしていますが，ちょっと苦労しているみたい。

一般色覚の子の見え方

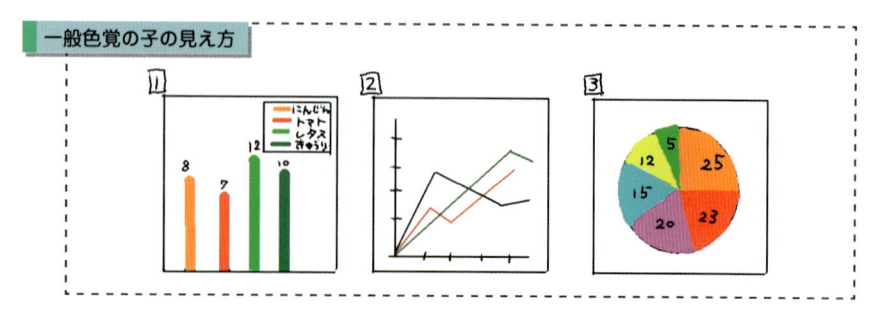

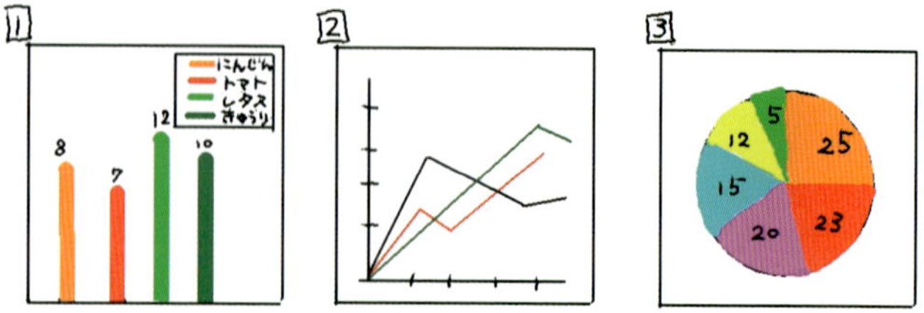
1
にんじん
トマト
レタス
きゅうり
8
7
12
10
2
3
5
12
25
15
20
23

どんなふうに困るの？

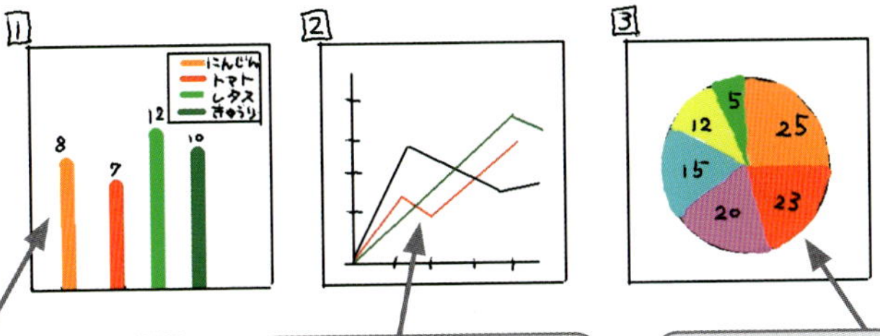

1
にんじん
トマト
レタス
きゅうり
8
7
12
10
2
3
25
23
20
15
12
5

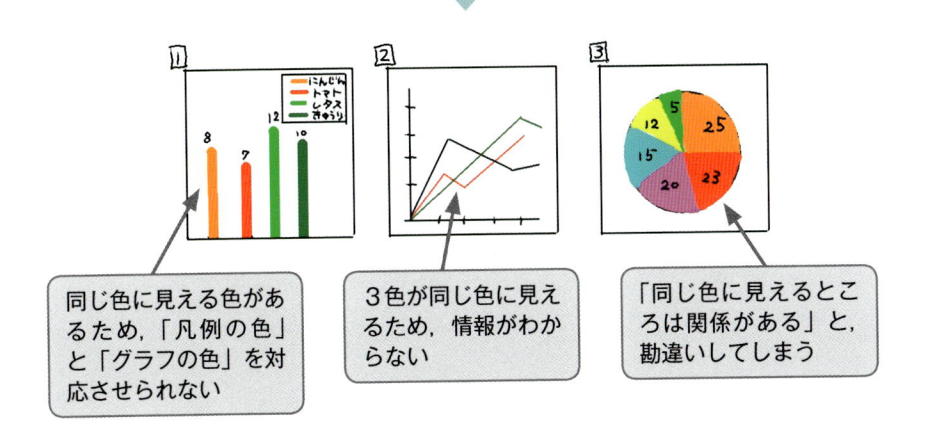

同じ色に見える色があるため，「凡例の色」と「グラフの色」を対応させられない

３色が同じ色に見えるため，情報がわからない

「同じ色に見えるところは関係がある」と，勘違いしてしまう

どう工夫したらいいの？

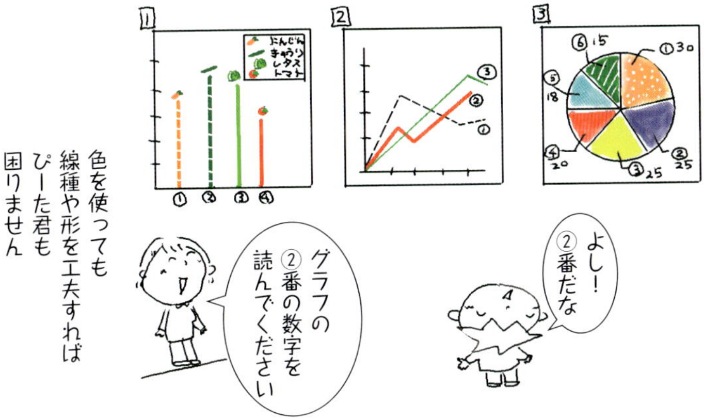

1
にんじん
きゅうり
レタス
トマト
①
②
③
④
2
③
②
①
3
①30
②25
③25
④20
⑤18
⑥15
色を使っても
線種や形を工夫すれば
ぴーた君も
困りません
グラフの
②番の数字を
読んでください
よし！
②番だな

使用する色の数は少なくし，色弱の子どもにも見分けることができる色を組み合わせる **配色の改善**

グラフに情報を直接のせたり，線種を変えたり，ハッチング（模様）や境界線を入れるなど工夫する **色以外の情報**

色弱の子どもが色を見分けられないことによって，質問に答えられなかったり，グループで話し合う場面で発言できないことがないように，グラフの色づかいを配慮することが必要です。

教室で
6

地図ってむずかしい…

色弱の子の見え方

お家から学校までの地図を作りましょう
いつも通る道は赤線で書いてください
自分の家
家
畑
田んぼ
神社
郵便局
工場
学校
こまったなぁ

カラーのペンやシールを使って，地図づくりの活動。みんなは楽しく作業を始めていますが，ぴーた君は困っているようです。

一般色覚の子の見え方

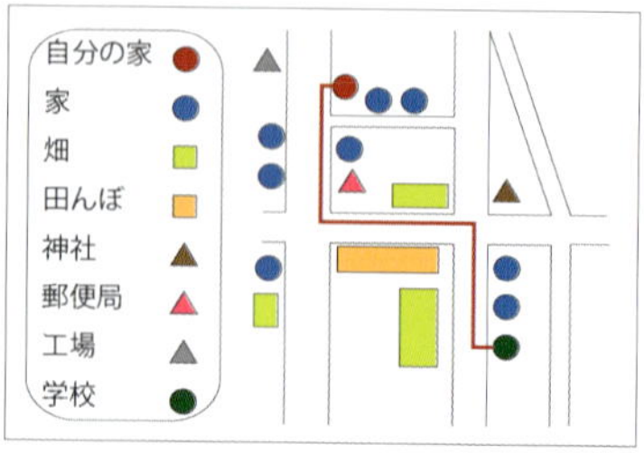

自分の家
家
畑
田んぼ
神社
郵便局
工場
学校

どんなふうに困るの？

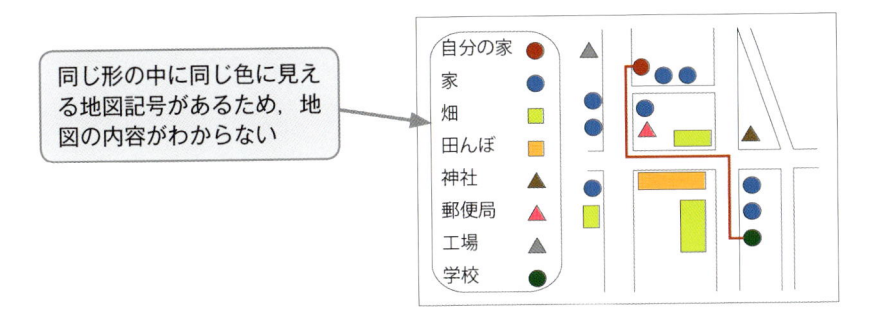

同じ形の中に同じ色に見える地図記号があるため，地図の内容がわからない

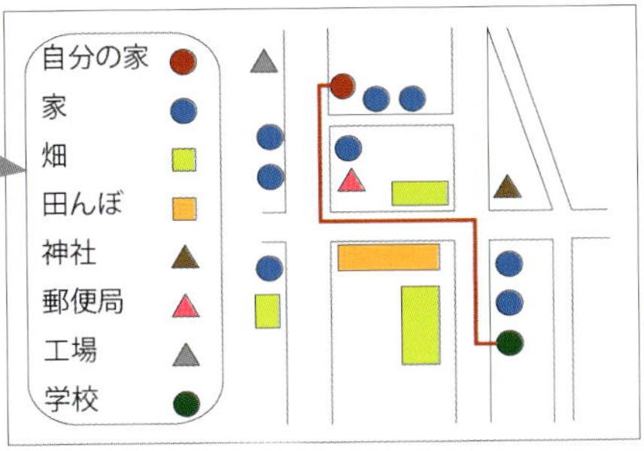

どう工夫したらいいの？

ポイント

- 形が明確に異なる地図記号を使います。
- 色は，好きな色を使います。
- 道順は，太線や点線などの工夫を。

地図を書いてみよう！

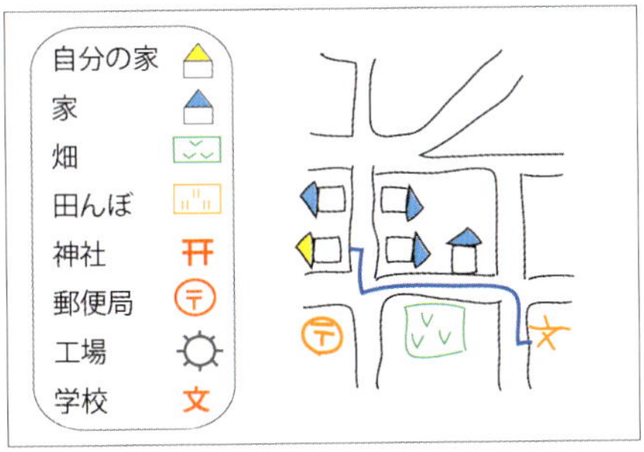

色弱の子どもにも見分けやすい色を選び，記号は形を変える 配色の改善 色以外の情報

子どもに色を使わせるときは，色を指定することは控え，好きな色を使わせることも一つの方法 周囲の理解・配慮 配色の改善

色鉛筆に色の名前が書かれている場合は，色が見分けられなくても指定された色を使うことはできます。しかし，塗られた色を見分けることはできないことがあります。色を指定する場合は，色弱の子どもにも見分けられる色を選ぶようにしましょう。

教室で ⑦

何がどう変化しているの…？

色弱の子の見え方

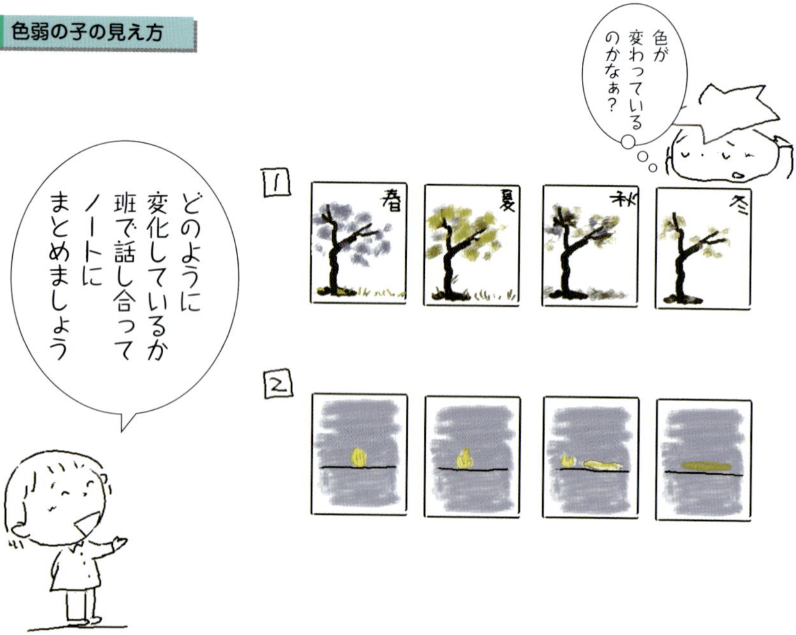
色が
変わっている
のかなぁ？
どのように
変化しているか
班で話し合って
ノートに
まとめましょう
1
春
夏
秋
冬
2

四季折々に姿を変える落葉樹と，たまごからかえる幼虫。自然現象の変化を理科の授業で学習しています。何がどう変化しているのかな？

一般色覚の子の見え方

1
春
夏
秋
冬
2

どんなふうに困るの？

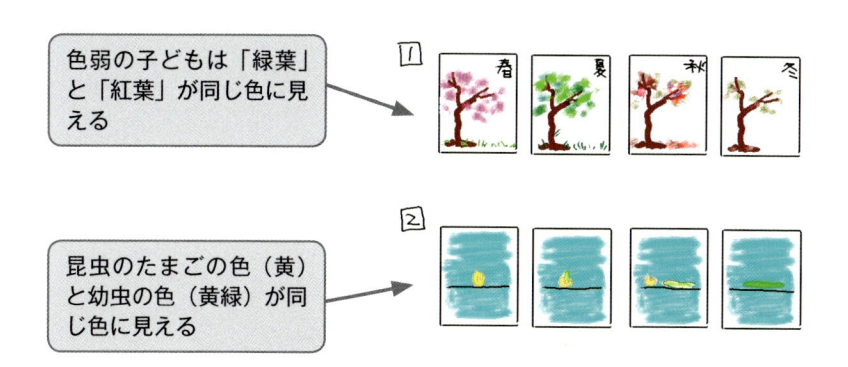

色弱の子どもは「緑葉」と「紅葉」が同じ色に見える

1
春
夏
秋
冬

昆虫のたまごの色（黄）と幼虫の色（黄緑）が同じ色に見える

2

どう工夫したらいいの？

葉っぱの数はどうかな？木の様子はみんな同じかな？
葉っぱの数がちがう!!
1
春
夏
秋
冬
形はどのように変化しているかな
2
まるい形から何かでてきてる!

色以外の要素にも着目させる

周囲の理解・配慮

色以外の情報

「色が何色から何色に変化する」ということも知識として教える 色の教育

色弱の子どもは，自然現象の赤・緑・青といった色相の変化がわからないことがあります。色の変化をグループで話し合わせたり，スケッチをさせたりする場合は，配慮することが必要です。

薬品やリトマス試験紙の色

色弱の子の見え方

実験結果について　班で話し合ってください
あとで発表してもらいます
こまったゾ
1
しぼる
液体
①
②
2
リトマス紙
①
②
③

理科の実験。クラスのみんなは，薬品やリトマス試験紙の色の変化を話し合っていますが，ぴーた君は困っているようです。

一般色覚の子の見え方

しぼる
液体
①
②
リトマス紙
①
②
③

どんなふうに困るの？

色弱の子どもは液体の「濃いピンク」と「薄い紫」が同じ色に見える

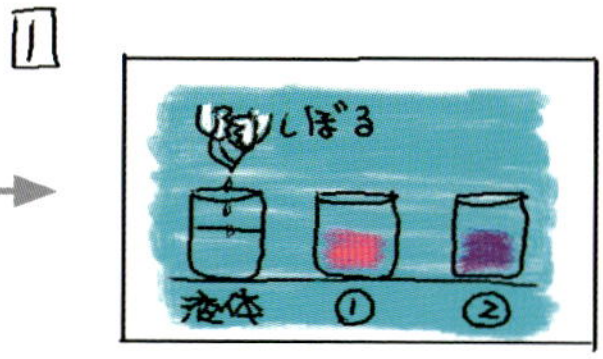

1
しぼる
液体
①
②

色弱の子どもは，リトマス試験紙の「ピンク」と「水色」が同じ色に見える

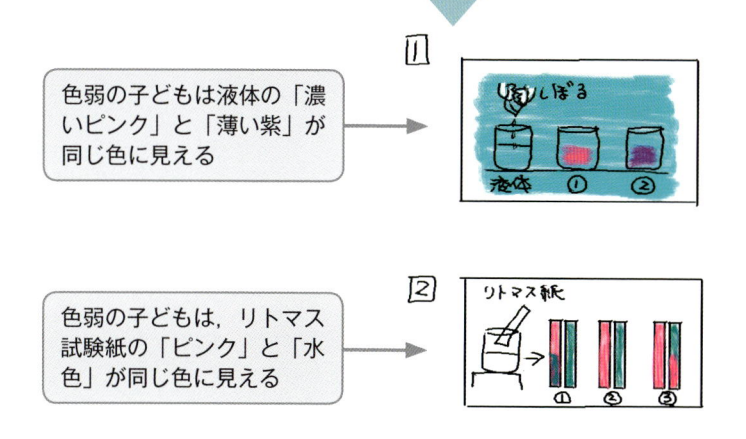

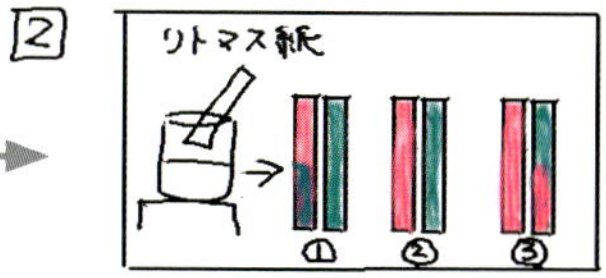

2
リトマス紙
①
②
③

どう工夫したらいいの？

1
しぼる
液体
①
②
①は濃いピンク色に②は薄い紫色に変化しています
ふーん ①は、濃いピンクで ②は、薄い紫かぁ

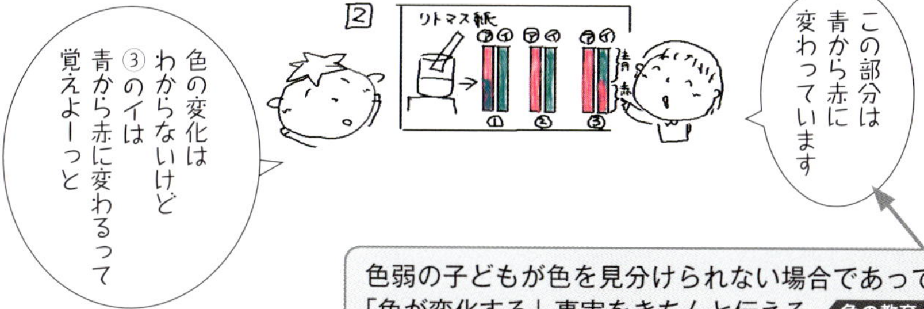

2
リトマス紙
①
②
③
青
赤
この部分は青から赤に変わっています
色の変化はわからないけど③のイは青から赤に変わるって覚えよーっと

色弱の子どもが色を見分けられない場合であっても，「色が変化する」事実をきちんと伝える **色の教育**

実験の結果や自然現象などはカラーユニバーサルデザインに配慮するのは難しいことです。しかし，見分けがつかなくても「色」に関する知識はもっておくと，コミュニケーションがスムーズになることがあります。そのためにも，色弱の子どもに「色」を教えることは重要です。

体育や図工の時間

5時間目：体育

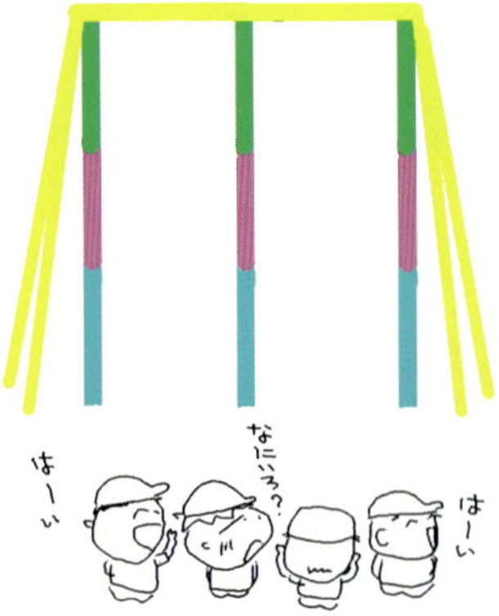

➡ ①何色まで登れたか…？

➡ ②赤が 3 点, 緑が 2 点, 青が 1 点…？

➡ ③同じ色の跳び箱って…？

➡ ④どの線のこと…？

運動会

赤チームも
緑チームも
青チームも
せいいっぱい
がんばりましょう。
リレー
まちがえない
ように
しなくっちゃ

➡ ⑤赤チーム・青チーム・緑チーム

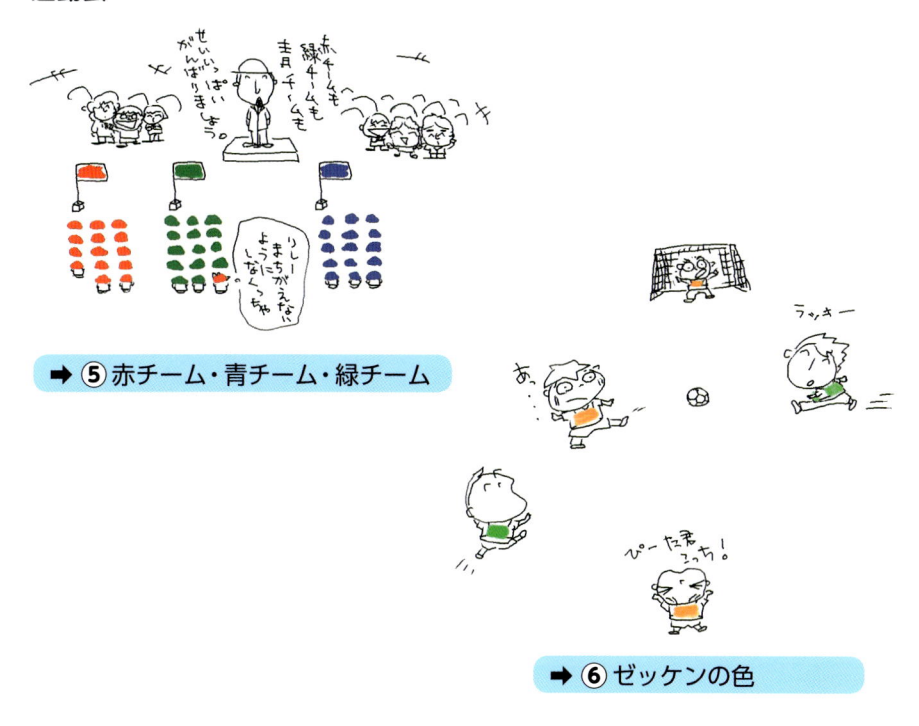

ラッキー
あっ・・・
ぴーた君
こっち！

➡ ⑥ゼッケンの色

6時間目：図工

えっ?!
先生、できた。
よく描けていますね。

➡ ⑦絵は大好き！

何色まで登れたか…？

色弱の子の見え方

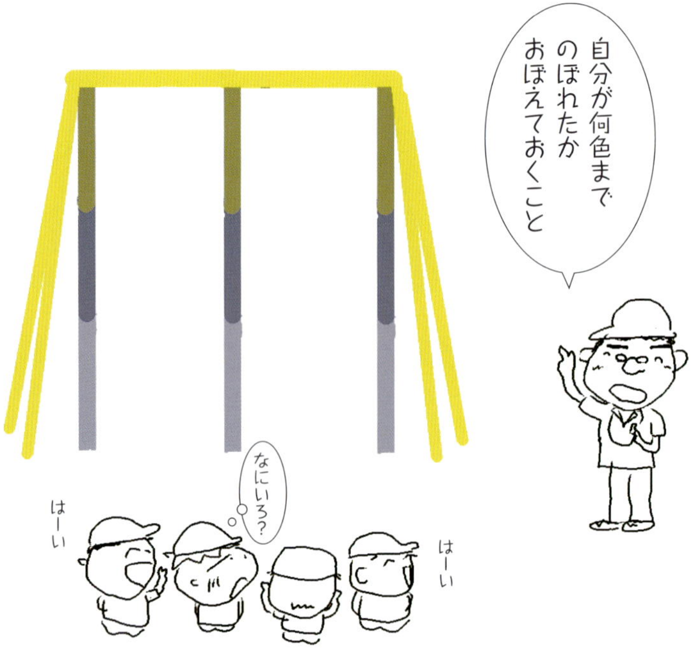
自分が何色までのぼれたかおぼえておくこと
はーい
なにいろ？
はーい

色分けされた登り棒を利用して，どこまで登れるかチャレンジ！　でも「何色まで登れたか」と聞かれると……。

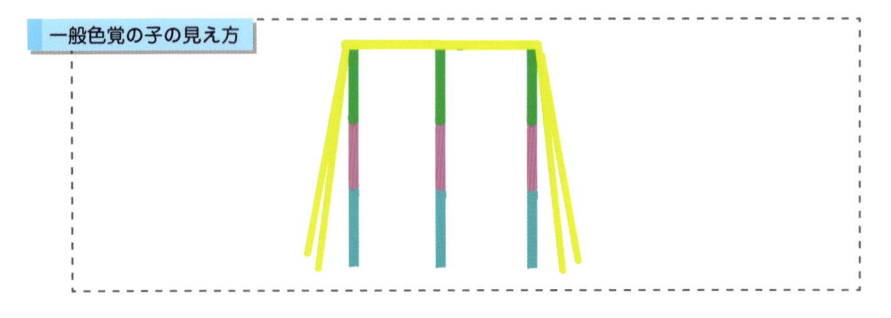

一般色覚の子の見え方

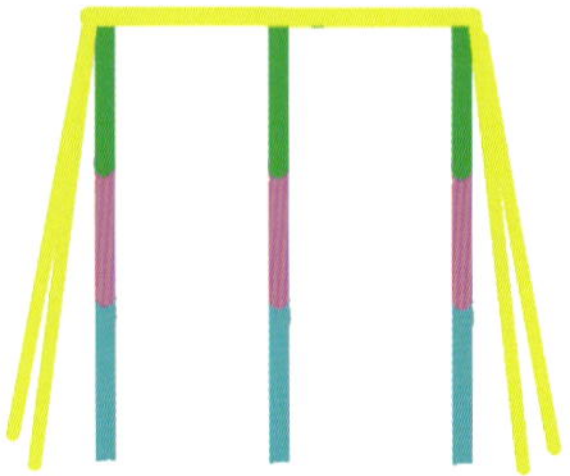

どんなふうに困るの？

色弱の子どもは，のぼり棒の「ピンク」と「水色」が同じ色に見えるため，どこまで登ったか，色の名前を答えることができない

どう工夫したらいいの？

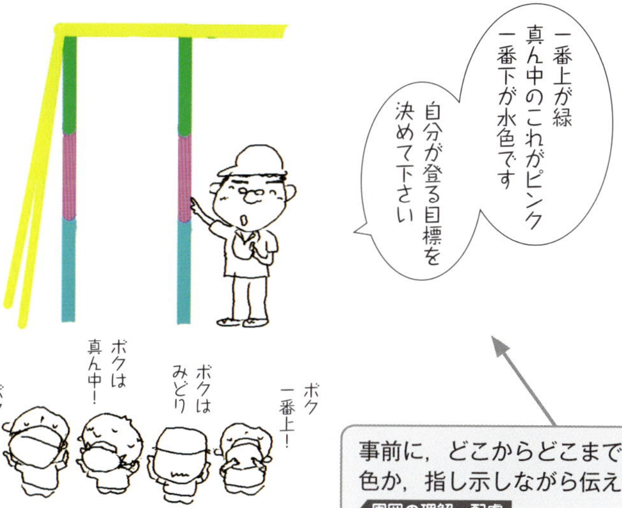

一番上が緑
真ん中のこれがピンク
一番下が水色です
自分が登る目標を
決めて下さい
ボク 一番上！
ボクは みどり
ボクは 真ん中！
ボク ぴんく

事前に，どこからどこまでが何色か，指し示しながら伝える

周囲の理解・配慮

屋外にあるものは日光で色があせることがあり，色が見分けにくくなる場合があります。また，色の見え方は天候によっても変わります。

子どもたち同士で色のやりとりがあるときには，「何色」が「どこに」使われているかを事前に伝えておきます。番号をつけたり，プリントなどを用意して棒のイラストに色名を書き込んでおく方法もよいでしょう。

赤が3点，緑が2点，青が1点…？

色弱の子の見え方

的の赤は3点
緑2点　青1点
班対抗です

負けないぞぉ
赤だよ、赤！

今日は班対抗の的当てゲーム！　的の色ごとに点数が決まっているようですが……。

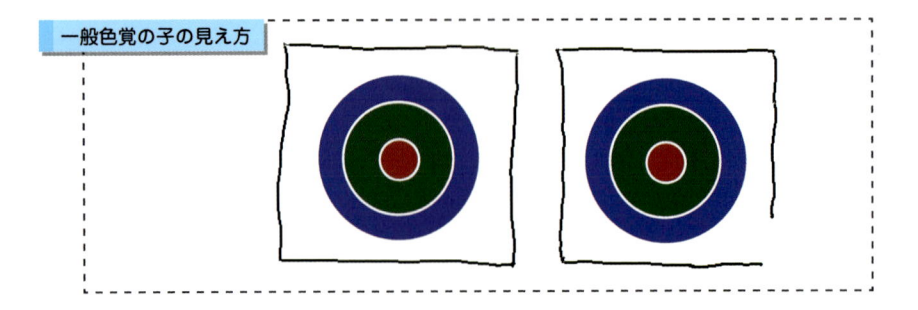

一般色覚の子の見え方

どんなふうに困るの？

色弱の子どもは，的の「赤い部分」と「緑の部分」が同じ色に見えるため，当たった的の点数がわからない

どう工夫したらいいの？

1
3
5
外側の青は1点
内側の緑は3点
真ん中の赤は5点
真ん中！真ん中！
よし！
よし がんばるぞ！
ぴーた君 真ん中！ 5点だよ！

的の点数を色だけでなく数字でも表す 色以外の情報

「色の名前」と「位置」を，指し示しながら伝える 色以外の情報

遊具を使うときも，色弱の子どもがゲームに参加できないことがないように配慮しましょう。

体育や図工の時間
③

同じ色の跳び箱って…？

色弱の子の見え方

同じ色のとび箱を重ねてください
きをつけて
どうしたの？
うーん

最近は，体育用具などもカラフルなものが多くなりました。ぴーた君たちは，先生から「同じ色のとび箱に重ねてください」と言われたのですが……。

一般色覚の子の見え方

どうしたの？
うーん

どんなふうに困るの？

どうしたの？
うーん

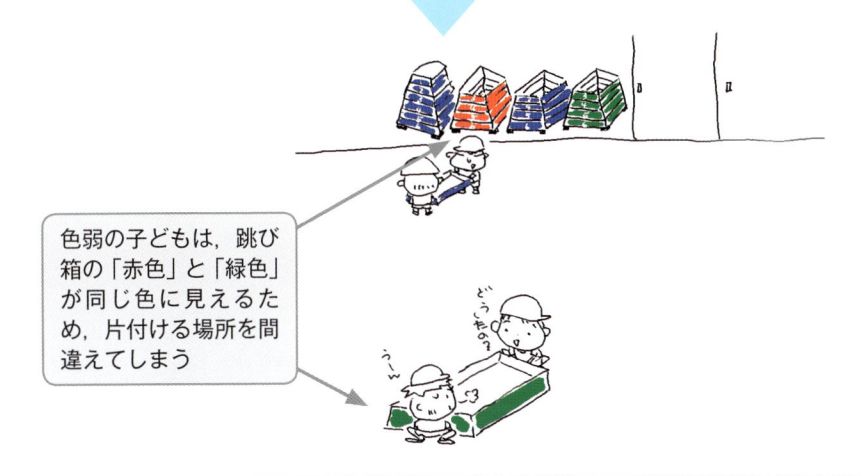

色弱の子どもは，跳び箱の「赤色」と「緑色」が同じ色に見えるため，片付ける場所を間違えてしまう

どう工夫したらいいの？

これはあおだから右、右
色名で指してもわかるように色名を書いたシールを貼っておくのも方法のひとつですね
うん
これはみどり！
みどり
1 あか
2 あか

色名を書いたシールを貼る

色以外の情報　色の教育

跳び箱やボールなど体育用具についても，色別に片付けたり，色を利用して授業を行う可能性がある場合は，色弱の子どもが戸惑うことがないように工夫しましょう。

どの線のこと…？

色弱の子の見え方

赤い線から出たらアウトですよ
どの線？
はい
はーい
はい
はーい
はーい
はい
はーい

体育館にはいろいろなコートの線が引いてあります。
「赤い線」ってどれだ……？

一般色覚の子の見え方

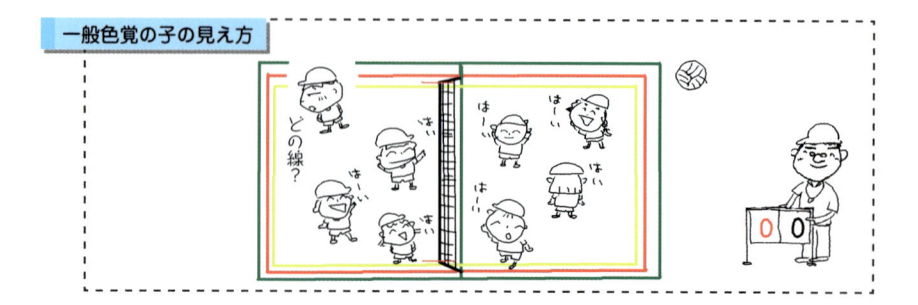

どの線？
はい
はーい
はい
はーい
はーい
はい
はーい

どんなふうに困るの？

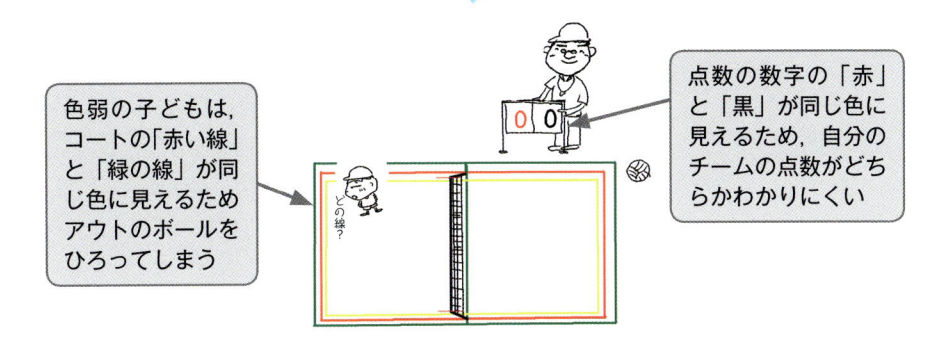

色弱の子どもは，コートの「赤い線」と「緑の線」が同じ色に見えるためアウトのボールをひろってしまう

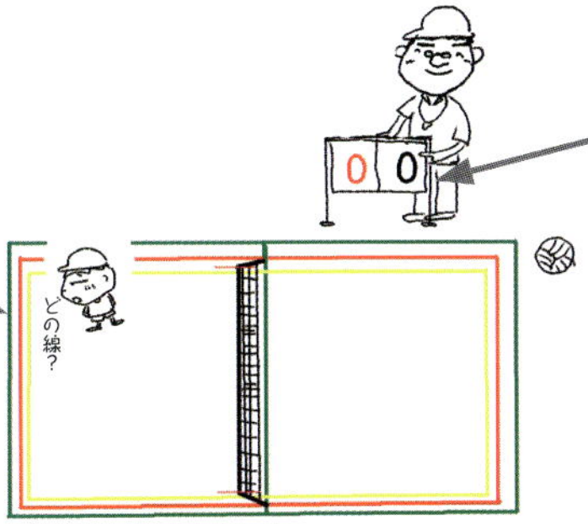

00
どの線？

点数の数字の「赤」と「黒」が同じ色に見えるため，自分のチームの点数がどちらかわかりにくい

どう工夫したらいいの？

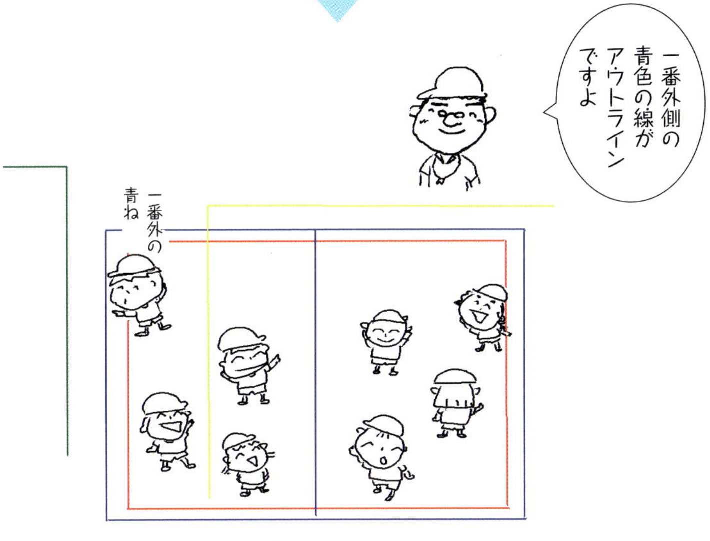

一番外側の青色の線がアウトラインですよ
一番外の青ね

できるだけ色弱の子どもにも見分けやすい線の色を組み合わせる **配色の工夫**

コートの線を指し示しながら色の名前を伝える **色以外の情報**

動きながら色を見分けることは，静止しているときより難しくなります。色弱の子どもにもパッと見て見分けられる線の色分けをしましょう。

赤チーム・青チーム・緑チーム

色弱の子の見え方

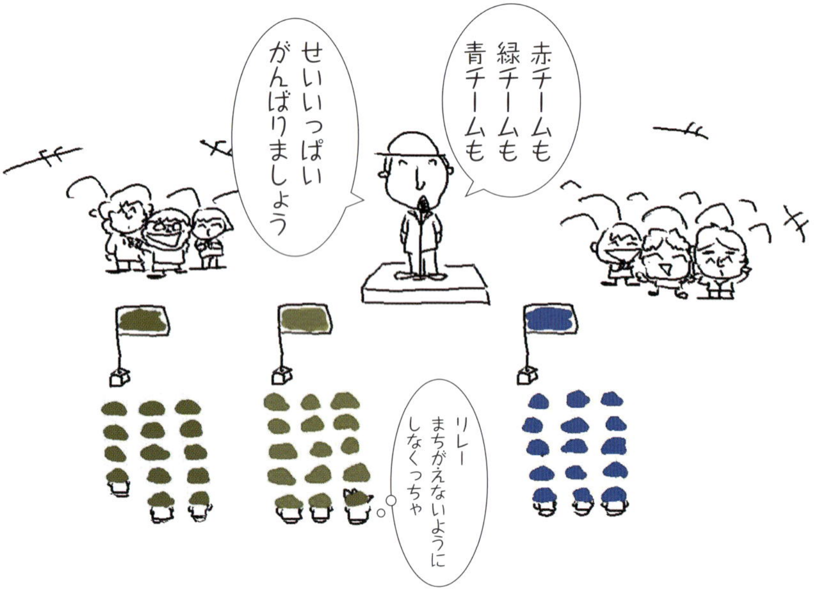
赤チームも
緑チームも
青チームも
せいいっぱい
がんばりましょう
リレー
まちがえないように
しなくっちゃ

３チームに分かれて運動会が始まります。ぴーた君も緊張した様子で並んでいますが，あれっ？　ぴーた君のチームは……。

一般色覚の子の見え方

どんなふうに困るの？

赤チームも
緑チームも
青チームも
せいいっぱいがんばりましょう

色弱の子どもは，帽子の「赤」と「緑」が同じ色に見えるため，急いでいるときは列を間違えて並んでしまう

どう工夫したらいいの？

チームの色分けには，色弱の子どもにも見分けられる色を使う（赤，白，青，黄）。たすきの色使いも注意 配色の工夫

あか
しろ
あお
ボクは赤チーム！

色の名前で指示されたときにもわかるように，色の名前を旗に表示する 色以外の情報

帽子は洗濯によって色があせ，色が見分けにくくなることがあります。ハチマキやリボンを組み合わせ，帽子と２色づかいにするのも，見分けやすくする方法のひとつです。

体育や図工の時間
⑥

ゼッケンの色

色弱の子の見え方

　サッカーのチーム分け。敵と味方がすぐにわかるように，ゼッケンの色で分けたつもりですが……。

一般色覚の子の見え方

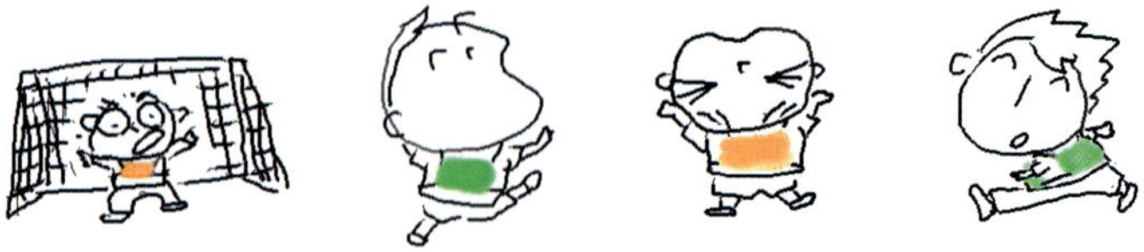

どんなふうに困るの？

色弱の子どもは，ゼッケンのオレンジと黄緑が同じ色に見えるため，敵と味方を間違えてしまう

ラッキー
あ…
ぴーた君
こっち！

どう工夫したらいいの？

ポイント

チーム分けは，
遠くにいても，走っていても分かるようにする。
○チームと■チームや，
ゼッケン，帽子の有無でチーム分けするのも分かりやすい。

あっ！
ぴーた君
ナイス！

ゼッケンの色は，色弱の子どもにも見分けられる色を使う

配色の工夫

「赤」「青」「黄色」「白」の４色は，色弱の子どもにも見分けやすい組み合わせです。チームを分けるときは，ゼッケンの有無で分けたり，形を変えるなど工夫して，遠くにいてもパッとわかるように配慮しましょう。

絵は大好き!

色弱の子の見え方

〈ぴーた君が見ている世界〉

えっ!?
よく描けていますね
先生、できた!

ぴーた君は絵を描くのが大好きです。今日はクラスみんなでスケッチに出かけました。ぴーた君が描いた絵を見た先生は，その色づかいにちょっとビックリしているようです……。

一般色覚の子の見え方

〈一般色覚の子どもが見ている世界〉

どんなふうに困るの？

先生、ボクも描けたぁ
先生見せてー

色弱の子どもが描いた絵の色づかいを，一般色覚の子どもが「色がおかしい」と言って，からかうことがある

どう工夫したらいいの？

もういいかい？
色の感じ方は人それぞれ違うのよね
絵を描くことすきー
まだ——っ！

色の見え方は人それぞれ違うことを授業の中で教える　周囲の理解・配慮

色弱の子どもが，色の見え方が他の子どもと違うことで不安になったり，いじめられることがないよう配慮することが必要です。色弱について，保護者の正しい理解も重要です。

色覚の遺伝について詳しくは104ページをご覧ください。

ぴーた君
電気を
消しといて
もらえますか。
お願いします。
はーい。
これかなっ。

➡ ① どのスイッチを押せばいいの…？

もちもの
・いろえんぴつ
・さんすうドリル
ドリル
持ってきた？
ドリル?!

➡ ②「ドリル」なんて書いてあったっけ…？

あー
またやっちゃったぁ。

➡ ③ 間違えた！

りょうり
くさばな
すぽーつ
これは何色のテープなのかな？
図書がかり
サッカー

➡ ④ どの棚に戻せばいいの…？

食べものも いろいろな 色があります。
今日は、何色のお野菜がありますか？
みどりー
オレンジー
オレンジー
おいしー
全部みどりー。

➡ ⑤ 何色の野菜があるの？

どのスイッチを押せばいいの…？

色弱の子の見え方

ぴーた君
電気を
消しておいて
もらえますか
お願いします
はーい
これかな？

教室の電気を消すように頼まれたぴーた君。どのスイッチを押せばいいのかな……？

一般色覚の子の見え方

どんなふうに困るの？

色弱の子どもは，赤と黄緑の LED が同じ色に見えるため，電気が点いているか消えているかわからない

はーい
これかな？

どう工夫したらいいの？

拡大
電気がつく側に文字やマークをつける。
はーい

シールをつけるなど工夫し，色以外に手がかりになる情報を補う

色以外の情報

赤色・黄色・緑色などの LED は，色弱の子どもにも点いていることはわかりますが，色は見分けにくいため，シールを貼ったり，色の名前を明記するなど工夫します。なお，赤の LED の場合は，点いていることがわからない子どももいる（消えているように見える）ため，注意が必要です。

その他の
学校生活で
②

「ドリル」なんて書いてあったっけ…？

色弱の子の見え方

友達に「ドリル持ってきた？」と聞かれたぴーた君。「えっ？　持ってくるものに，ドリルって書いてあったかなぁ……」。

一般色覚の子の見え方

どんなふうに困るの？

色弱の子どもは「黒板の色」と「チョークの赤色」が同じ色に見えるため文字に気がつかないので，忘れ物をしてしまう

どう工夫したらいいの？

黒板に使用するチョークの色は，白と黄を主体にする（文科省『色覚に関する指導の資料』による） **配色の改善**

重要なところはチョークの色を変えるだけでなく，線を引くなど工夫する **色以外の情報**

色弱の子どもは黒板(緑地)に赤チョークで書いた文字は読みにくくなります。

色のユニバーサルデザインに配慮したチョーク「eye チョーク」（102 ページ参照）などを活用することも一つの方法です。

その他の
学校生活で
③

間違えた！

色弱の子の見え方

大急ぎで飛び込んだトイレ。しかし，そこは……！

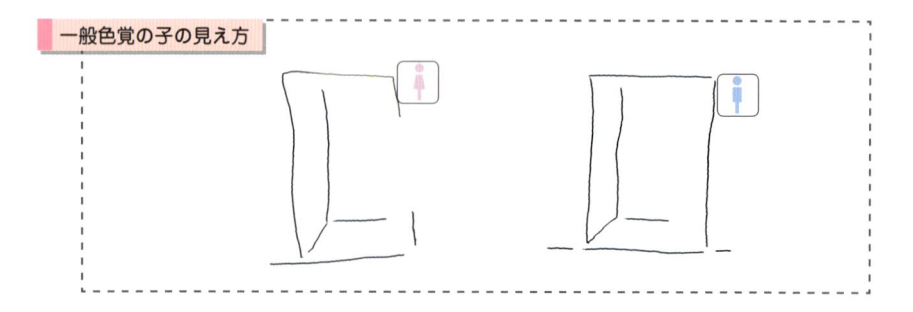

一般色覚の子の見え方

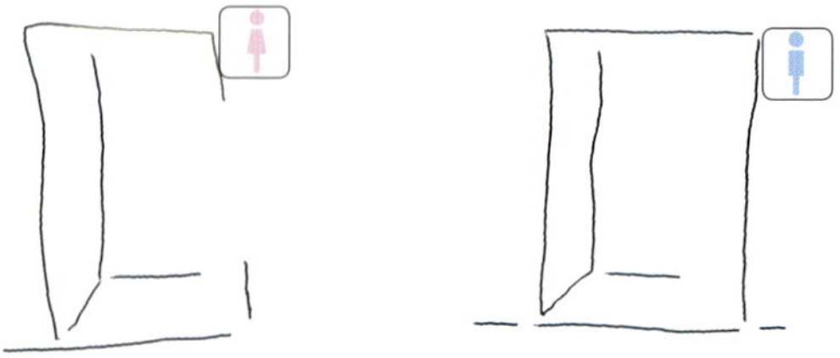

どんなふうに困るの？

あー
またやっちゃったぁ

色弱の子どもは，淡いピンクと水色のトイレのマークが同じ色に見えるため，急いでいるときは間違って女性のトイレに入ってしまうことがある

どう工夫したらいいの？

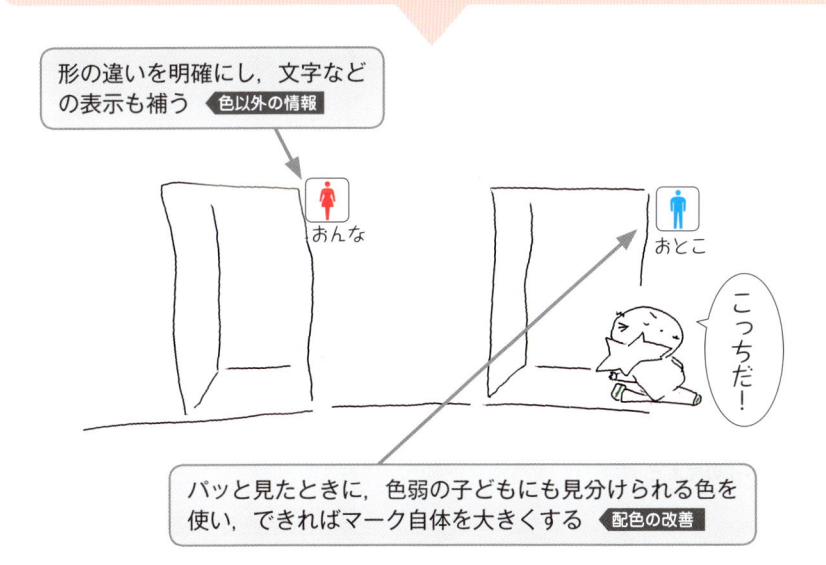

形の違いを明確にし，文字などの表示も補う　**色以外の情報**

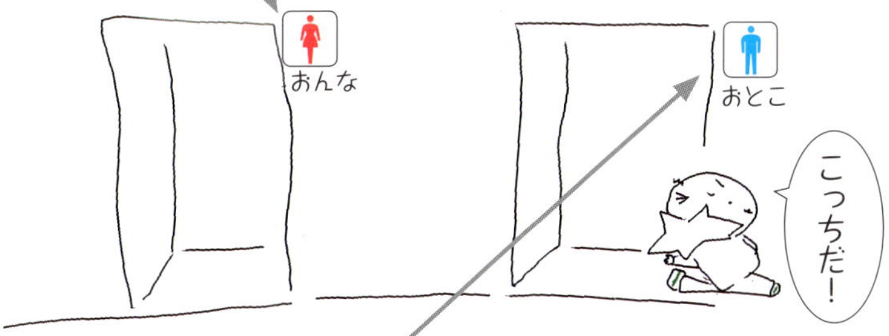
おんな
おとこ
こっちだ！

パッと見たときに，色弱の子どもにも見分けられる色を使い，できればマーク自体を大きくする　**配色の改善**

マークの色は，色弱の子どもにも見分けられる色を組み合わせることが望ましいです。変えられない場合は，形を変えたり文字表示をするなど工夫し，色弱の子どもが間違わないようにしましょう。

見分けにくい色の組み合わせ，見分けやすい色の組み合わせについては，101 ～ 103 ページをご覧ください。

その他の学校生活で④

どの棚に戻せばいいの…？

色弱の子の見え方

ぴーた君の学校の図書室では，分類ごとに違う色のテープを貼っています。図書係のぴーた君は，返却された本を棚に戻すように言われたのですが……。

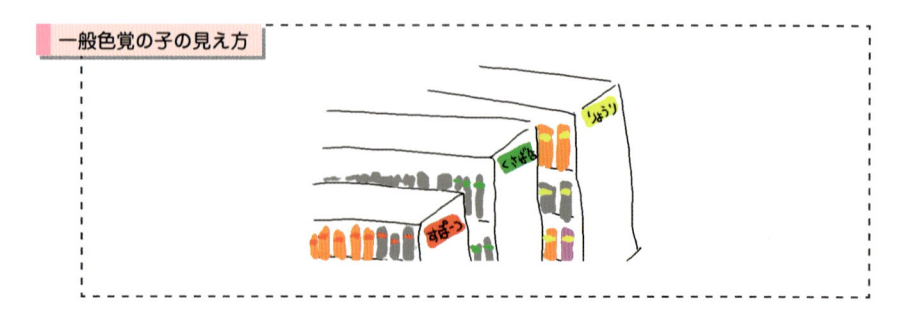

一般色覚の子の見え方

どんなふうに困るの？

すぽーつ
くさばな
りょうり
これは何色のテープなのかな？

色弱の子どもは，分類の「赤テープ」と「緑テープ」が同じ色に見えるため分類できない。また，赤テープの上に書かれている黒文字は，同じ色に見えるため読めない

どう工夫したらいいの？

1-ア
2-ア
3-ア
1-ア
の棚かぁ
背景色と文字色の
見分けにくい
組み合わせ例
い ろ い
ろ い ろ
い ろ

分類記号などを表示する 色以外の情報

色弱の子どもにも見分けやすい色の組み合わせを用いる 配色の改善

見分けにくい色の組み合わせ例について，詳しくは 101 ページをご覧ください。

その他の
学校生活で
⑤

何色の野菜があるの？

色弱の子の見え方

今日は 何色のお野菜がありますか？
食べものも いろいろな色があります。
みどりー オレンジー
オレンジー
おいしー
全部みどりー

給食の時間。食べ物に関心をもってもらおうと，先生は「何色の野菜がありますか？」とクラスのみんなに問いかけています。

一般色覚の子の見え方

食べものも いろいろな色があります。

どんなふうに困るの？

全部
みどりー
おいしー

「何色の野菜がありますか？」と聞かれても，答えることができない

どう工夫したらいいの？

へぇー
そうなんだ
おいしー

質問するときは，色だけではなく形や大きさなども加え，色弱の子どもにも答えられるようにする　**周囲の理解・配慮**

野菜の色や，生肉と焼いた肉の色の違いなどを，色の見分けができなくても知識として教えていくことは大切です。色弱の子どもが，色がわからないことで発言できなかったり戸惑ったりすることがないよう，方法に配慮が必要です。

校外学習で

➡ ①ピンクのプリント？ 水色のプリント？

➡ ②黄緑色の電車…？

➡ ③あれ？　間違えた！

➡ ④赤丸印ってどこ…？

➡ ⑤ピンクの線…？

校外学習で
①

ピンクのプリント? 水色のプリント?

色弱の子の見え方

遠足には
ピンクのプリントを
持っていきます
水色の
プリントは
お家の人に
渡してください
えんそく
しゅうごう時間
8時30分
・もちもの
◎おべんとう
◎すいとう
◎ぼうし
◎ますく
おなじ色じゃ
ないのかぁ
はーい

遠足の前日。当日に持っていく必要のあるプリントを先生が配りました。家の人に渡すプリントと間違えないように，ピンク色の紙と水色の紙に分けてくれたのですか……。

一般色覚の子の見え方

どんなふうに困るの？

色弱の子どもは「ピンク色」と「水色」が同じ色に見えるため，どちらを遠足に持って行くのかわかりにくい

遠足にはピンクのプリントを持っていきます
水色のプリントはお家の人に渡してください
しおり

どう工夫したらいいの？

えんそく
・しゅうごう時間
8時30分
・もちもの
◎おべんとう
◎すいとう
◎ぼうし
◎ますく
遠足にはピンクのプリントを持っていきます
水色のプリントはお家の人に渡してください
はーい
はーい
紙に色の名前を書いておくと色弱の子どもにもわかります
ぴんく色
えんそくのしおり
水色
保護者のみなさまへ
ちょっと工夫するだけ！

色の名前でやりとりする可能性があるものには，色の名前を書く　**色以外の情報**

配布するプリントに色を使用する場合は，色弱の子どもにも見分けやすい色を使うことが望ましいです。色の名前が記載してあると，色の名前が分からない場合であっても，コミュニケーションがスムーズになります。

校外学習で
❷

黄緑色の電車…？

色弱の子の見え方

今日は
あの黄緑色の
電車に乗ります
は――い
あっちかな？
こっちかな？
近くに行けば
わかるかなぁ

今日は電車に乗って校外学習へ！　大きなターミナル駅にはたくさんの電車が停まっています。乗り間違えないように，どの電車に乗ればいいかよく聞いておかないと……。

一般色覚の子の見え方

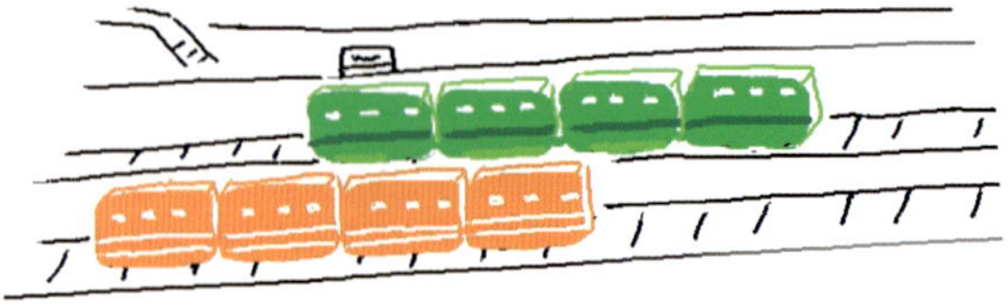

どんなふうに困るの？

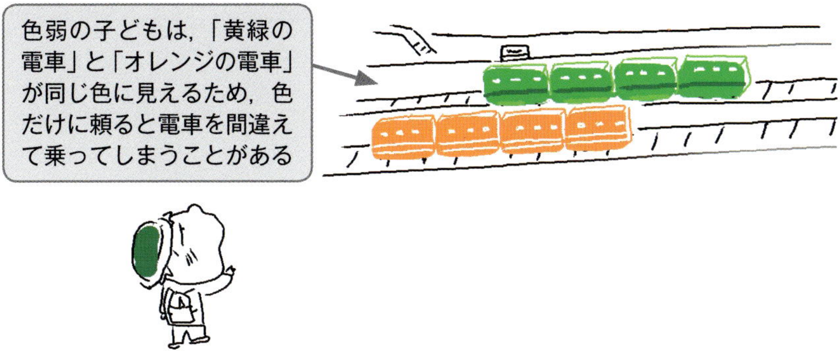
色弱の子どもは，「黄緑の電車」と「オレンジの電車」が同じ色に見えるため，色だけに頼ると電車を間違えて乗ってしまうことがある

どう工夫したらいいの？

今日は向こう側にある黄緑色の電車に乗ります
は――い
指で位置を示したり，「何番線の電車に乗ります」など色以外の情報も加えて伝える
色以外の情報

電車の形の特徴や，乗る電車の周りにある物など説明を少し付け加えるだけでも，ずいぶん伝わりやすくなります。

校外学習で ③

あれ？　間違えた！

色弱の子の見え方

遠足で来た公園。人気のある公園なので，ほかの学校の子どもたちも遠足に来ています。景色に見とれながら，みんなについて歩いているつもりだったのですが……。

一般色覚の子の見え方

どんなふうに困るの？

さくら小学校
ぴーた君こっちよ!!
あれっ!?

色弱の子どもは「赤い帽子」と「緑の帽子」が同じ色に見えるため，間違ってほかのグループについていってしまう

どう工夫したらいいの？

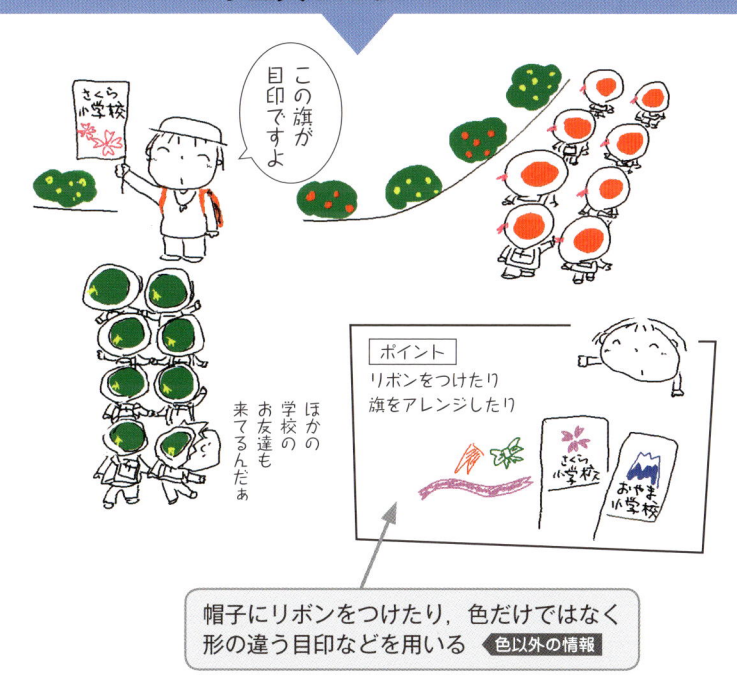

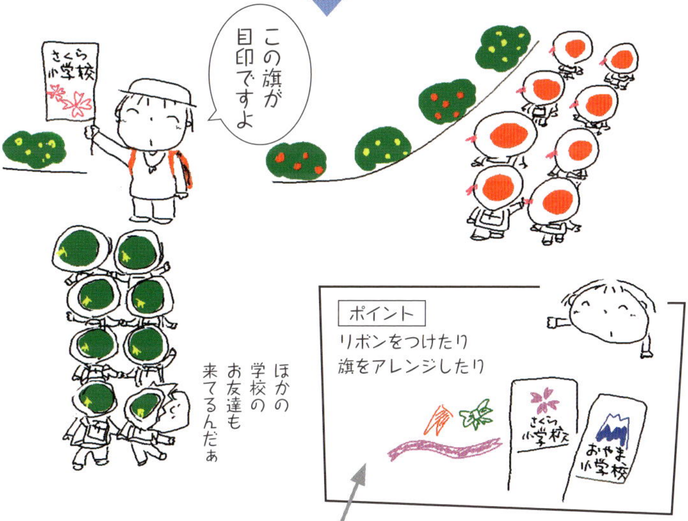
さくら小学校
この旗が目印ですよ
ほかの学校のお友達も来てるんだぁ
ポイント
リボンをつけたり
旗をアレンジしたり
さくら小学校
おやま小学校

帽子にリボンをつけたり，色だけではなく形の違う目印などを用いる **色以外の情報**

大勢の人がいる場所では，色弱の子どもが迷子にならないよう，遠くから目立つ印を工夫しましょう。

校外学習で
④

赤丸印ってどこ…？

色弱の子の見え方

今　皆さんが
いる所は
赤丸印の所です
館長さん
どこだ？

見学先の館長さんが，館内の説明をしてくれています。赤丸印が現在地らしいけど，赤丸印ってどこだ……？

一般色覚の子の見え方

今　皆さんが
いる所は
赤丸印の所です
館長さん

どんなふうに困るの？

今　皆さんがいる所は赤丸印の所です
館長さん
どこだ？

色弱の子どもは，地図中の「赤丸印」と「黒・緑色の丸印」が同じ色に見えるため，今いる場所がわからない。迷子になる可能性がある

どう工夫したらいいの？

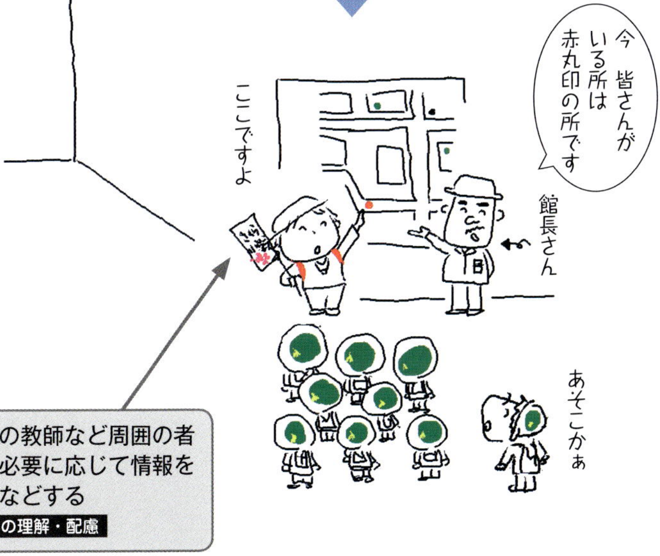

今　皆さんがいる所は赤丸印の所です
ここですよ
館長さん
あそこかぁ

引率の教師など周囲の者が，必要に応じて情報を補うなどする

周囲の理解・配慮

街の中に色のユニバーサルデザインへの対応が広がりつつあります。しかし，この例のように配慮されていない地図や案内標識も，今は存在しています。こういった場面では，フォローをしたり啓発をすることも大切です。

校外学習で ⑤

ピンクの線…？

色弱の子の見え方

今日訪れた見学先の施設は，大きくて館内も複雑な構造なので，行き先別に色の線が引かれ，わかりやすいようにしてあります。案内係のお姉さんから「ピンクの線をたどって行ってね」と言われたのですが……。

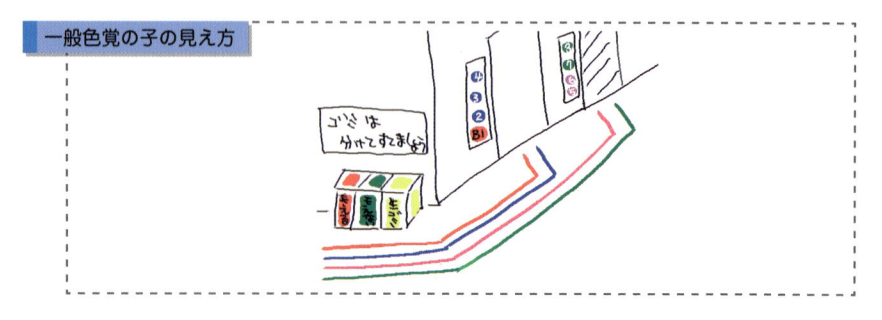

一般色覚の子の見え方

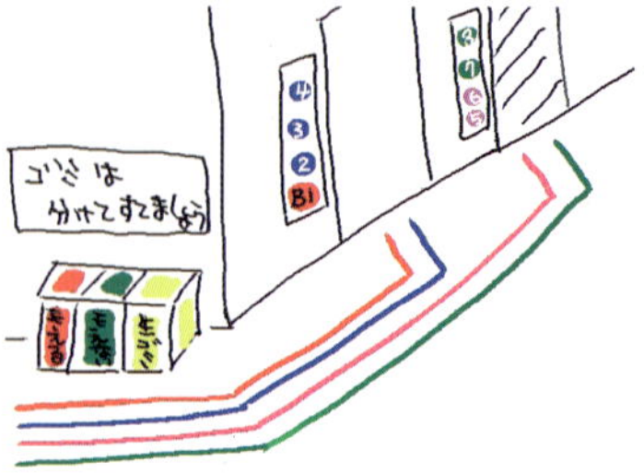

どんなふうに困るの？

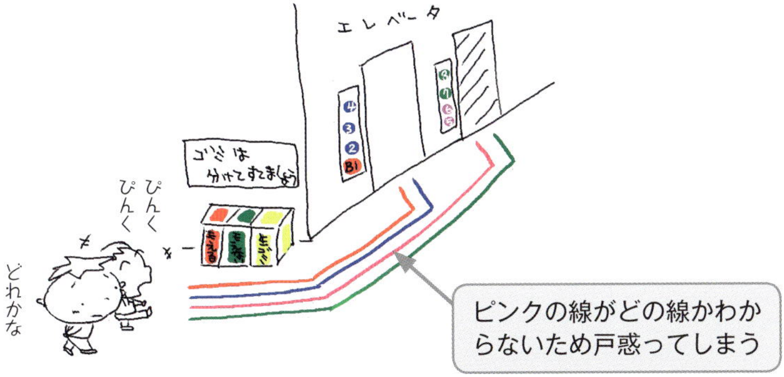

エレベータ
ゴミは分けてすてましょう
ぴんくぴんく
どれかな
ピンクの線がどの線かわからないため戸惑ってしまう

どう工夫したらいいの？

〔カラーユニバーサルデザインに配慮した例〕

案内係さん
ピンクのこの線を行ってね
エレベータ
ゴミは分けてすてましょう
ぴんくぴんく
ぴーた君まってー
ポイント
① 色の組み合わせ方
② 背景色と文字色の組み合わせ方
③ 案内方法

色に関して色弱の子どもが戸惑う可能性がある場合は，説明を補足する **色以外の情報**

色弱の子どもが，色の見え方が違うことで迷子になったり，危険な目に合うことはないか，行き先を事前に調べて対応を考えておくことも一つの方法です。

カラーユニバーサルデザイン　Q&A

Q 「色弱」とは，なんですか？

A 色覚検査のときなどに，色覚異常と診断された人の，色の見え方のことです。人の色の見え方は，遺伝子などによって決まります。見分けやすい色や，見分けにくい色は，人それぞれ異なっています。

Q 「色弱」「色覚異常」「色盲」「色覚障がい」の呼称について教えてください。

A 「色弱」「色覚異常」「色盲」は，同じ色覚タイプを指す呼称です。「色覚異常」という呼称は，眼科で使われています。「色盲」という言葉は誤解や差別を招きやすいことから，現在では使われることが少なくなってきました。「色覚障がい者」は，行政等が使用しています。「色弱者」という呼称は，色の配慮が不十分な社会における色の弱者という意味でカラーユニバーサルデザイン機構（CUDO）が提唱する呼称です。

Q 植物のスケッチをさせる授業で，色弱だと思われる男の子がいることに気づきました。お母さんにうかがったところ，お母さんの色の見え方は一般的で，お父さんは色弱ではないとのことでした。この場合，男の子が遺伝的に色弱である可能性はありますか？

A お父さんが一般的な色覚の人であっても，お母さんが保因者である場合は，男の子は$\frac{1}{2}$の確率で色弱になることがあります。保因者とは，色弱の遺伝子を持ち，自らは色弱者ではない女性のことを指します。

Q お母さんが保因者である場合，女の子も保因者になるのでしょうか？

A お父さんが一般的な色覚の人である場合，娘さんが$\frac{1}{2}$の確率で保因者になることがあります。お父さんが色弱の人で，お母さんが一般的な色覚の人である場合は，娘さんは保因者となります。

※親から子への遺伝の仕方について，詳しくは104ページを参照してください。

Q 色弱の子どもに進路指導をするときに，気をつけることはありますか？

A すべての国立大学やほとんどの私立大学では，色覚による受験制限はありませんが，学校に問い合わせることをおすすめします。また，就職する際に，一部の職種においては色覚制限が設けられていますので，事前に問い合わせることがよいでしょう。

Q 小学校１年を担任しています。色弱と思われる子どもがいるのですが，定かではありません。当校では，色覚検査を行っていないため，保護者の方に検査をすすめた方がよいでしょうか？

A 眼科の色覚精密検査を受けるのが確実だと思います。眼科によっては検査を行っていない場合がありますので，事前に問い合わせるのがよいでしょう。

III

資料編

— カラーユニバーサルデザインの基礎知識 —

この章では，「カラーユニバーサルデザイン」を実現していく上で最低限，理解しておく必要がある基礎知識と，学校で役立つ資料のいくつかを紹介します。

○クラスに一人は色弱の子どもがいる

日本では，色弱の児童・生徒について教育活動上の配慮が必要であると考えられ，学校における児童・生徒等の定期健康診断の際に色覚検査が実施されていましたが，色弱の児童・生徒の「大半は支障なく学校生活を送ることができる，配慮への指導ができた」として，2003 年以降，必須項目から色覚検査が削除されました。しかし，色弱の子どもがいなくなったわけではなく，配慮も充分とはいえないのが現状です。

どの子どもが色弱であるかは，外見ではわかりません。また，色弱の子どもが自分から色弱であることを言うことは少なく，保護者が自分の子どもが色弱であることを知らない場合もあります。さらに，担任の先生が，自分のクラスに色弱の子どもがいることに気がつかないケースもあります。色弱者は，日本人の男性の 20 人に 1 人，女性の 500 人に 1 人いると考えられていますので，例えば，40 人のクラスで，男女が同数とすると，そのクラスには色弱の子どもが 1 人はいる計算になります。

色の感じ方が異なることで，授業内容の理解に差し障りがあったり，安全が守られなかったり，いじめにつながるようなことは避けなければなりません。色覚について正しく理解し，色づかいについてもどのように配慮すればよいのか学校全体で，また保護者と協力し，工夫することが大切です。

「色弱者」等の用語については，次の「色の見え方（色覚）のタイプ」を参照してください。

○色の見え方（色覚）のタイプ

人の色の見え方（色覚）のタイプは，大きく 5 種類に分けることができます。

CUDOの新呼称		従来の呼称			頻度（男性）
C型	一般色覚者	正常色覚			約95%
P型（強・弱）	色弱者	第1	色盲，色弱，色覚異常，色覚障害	赤緑色盲	約1.5%
D型（強・弱）		第2			約3.5%
T型		第3		黄青色盲	約0.001%
A型		全色盲			約0.001%

（↑この本での呼び方）

「一般色覚者・色弱者」「C 型・P 型・D 型・T 型・A 型」という呼称は CUDO が提案するものです。従来は，一般的な色覚の人は「色覚正常」，その他の人は「色盲・色覚異常・色覚障害など」と呼ばれていました。

○色の見える仕組み

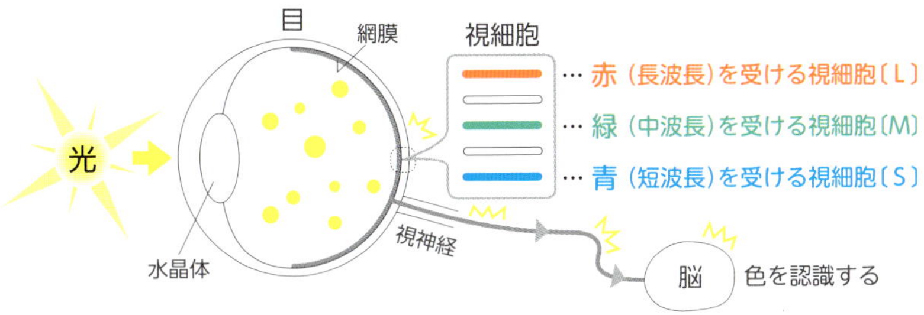
目
網膜
視細胞
光
…赤（長波長）を受ける視細胞〔L〕
…緑（中波長）を受ける視細胞〔M〕
…青（短波長）を受ける視細胞〔S〕
水晶体
視神経
脳
色を認識する

人の目の仕組みは，カメラに似ています。目に届いた光は，レンズの役割をする水晶体を通り，目の奥にある網膜に像を結びます。網膜は，カメラのフィルムに例えることができます。網膜には,色を感じる視細胞があります。視細胞が,赤・緑・青の波長の光の刺激を受けると，電気信号になって脳に伝わり，色を認識することになります。

この３種類ある視細胞の，いずれかの機能の特性が異なると，色の見え方が変わります。

・3種の視細胞を持つ一般的な色覚特性　→　C型
・赤の波長を受ける視細胞がないか，あっても特性が異なる　→　P型
・緑の波長を受ける視細胞がないか，あっても特性が異なる　→　D型
　この２つの色覚タイプは，赤～緑の波長域での色の差を感じにくくなります。
・青の波長を受ける視細胞がない，あるいは特性が異なる　→　T型
　この色覚タイプは，黄～青の波長域での色の差を感じにくくなります。

○カラーユニバーサルデザインとは

色覚（色の感じ方）は，味覚や嗅覚と同じように，人それぞれ異なります。このため，一般的な色覚の人が見分けやすくするためにつけた色づかいが，色弱の人などにとってはかえって見分けにくくなるなど，色による情報を正確に受け取れず，困っている人たちがいます。
また，一般的な色覚の人でも，疾病などにより色の見え方が変わるケースもあります。このような問題をなくすため，誰に対しても正しく情報が伝わるように，色の使い方や文字の形などにあらかじめ配慮することを「カラーユニバーサルデザイン（CUD)」といいます。

カラーユニバーサルデザインとは，色づかいを否定するものではなく，２色以

上の色を使うときには，できるだけ多くの人が見分けることのできる色づかいをすることです。また，色の使い方を整理することにより，一般的な色覚の人にとっても，よりわかりやすい色づかいとなります。
（ユニバーサルデザインとは，年齢・国籍・身体的な状況などを問わず，すべての人が快適で安全に暮らせるように，まちづくりやものづくり，サービスなどにあらかじめ配慮する考え方です。）

○カラーユニバーサルデザインの３つのポイント

NPO 法人カラーユニバーサルデザイン機構（CUDO）では，誰もがわかりやすくカラーユニバーサルデザインに配慮してデザインできるように，３つのポイントを定めています。

〈カラーユニバーサルデザインの３つのポイント〉

ａ．出来るだけ多くの人に見分けやすい配色を選ぶ。
ｂ．色を見分けにくい人にも情報が伝わるようにする。
ｃ．色の名前を用いたコミュニケーションを可能にする。

○学校での配慮

学校では，色の見え方によって，子どもが気づくことや学べることに差がつかないようにする配慮が求められます。例えば，次のような意識をもっておくとよいでしょう。

〈子どもについて〉

・クラスには，色弱者の子どもが1人はいることを前提とする。
・色は見分けられても，色の名前がわからないため，発言ができない子どもがいる。
・色がわからないために，質問に答えることができない子どもがいる。

〈授業や学級経営について〉

・色がついたものを指し示す場合は，直接指し示すと共に，使われている色の名前を伝え，形の特徴や明るさの違いなども言い添える。
・グループを色分けする場合は，色が見分けられない場合でもわかるように，色以外の目印を併用する。
・子どもたち同士で話し合う場面でも，色に関わるやりとり（コミュニケーション）が必要な場合は，教職員が配慮する。
・教科の授業や総合的な学習などでユニバーサルデザインを扱う際に，カラーユニバーサルデザインも取り上げ，その必要性や工夫のポイントなどについて学び，子どもも取り組むように働きかけ，クラス全体で，さらには学校の子どもみんなの取り組みとなることを目指す。

・担任1人だけでなく，教職員全体での取り組みとなるよう広げる。

○チェック方法

手元にある配布物や掲示物に使われている色が，色弱の子どもにとっても分かりやすい色づかいとなっているか，あるいは，これから作ろうとしている資料にどのような色を組み合わせればよいのかチェックするツールをいくつか紹介します。

〈バリアントール〉

メガネタイプ

ルーペタイプ

「色弱者が見分けにくい色の組み合わせ」を，一般色覚者が体験できるフィルター（有償）。

先生が色の組み合わせをチェックする際に使うだけでなく，授業でカラーユニバーサルデザインを扱う際に，子どもが色弱者の色の見分けにくさを体験できるようにすると，カラーユニバーサルデザインの必要性がわかりやすいでしょう。

〈色のシミュレーター〉

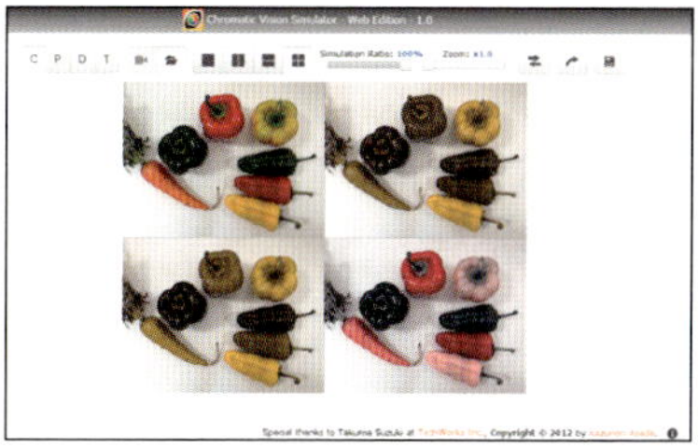

iPhone，Android端末の内蔵カメラで写した対象を，リアルタイムに画像変換し，C型・P型・D型・T型の見え方のシミュレーションを行うことができるソフトウェア。ウェブブラウザにも対応している。浅田一憲氏が開発し，無償で配布・公開されています。

○カラーユニバーサルデザインのチェックリスト

〈色覚の多様性に配慮した教室づくり・授業の進め方〉

- □「一般色覚の子ども」と「色弱の子ども」の色の見分けにくさは，大きく異なることを意識している。
- □ 色を見分けることができても，色の名前がわからない子どもがいることを意識している。
- □ 色が見分けられない場合でも，情報を正確に受けとることができるように色以外の情報を併用している。
- □ ものを指し示す場合は，直接指し示し，色の名前を伝えている。
- □ 色の名前を用いたコミュニケーションが行われる可能性がある場合は，色の名前を記載したり，口頭でサポートをしている。

〈色の選び方・組み合わせ方〉

- □ 色が見分けやすいように，色の面積が十分確保されている。（線や文字の太さ）
- □ 明るさ（明度）に差がある色，あるいは，あざやかさ（彩度）に差がある色を組み合わせている。
- □ パステル調の色（彩度の低い色）同士を組み合わせていない。
- □ 背景と文字には，はっきりとしたコントラスト（明暗の差）をつけている。

〈色以外の工夫〉

- □ 色以外の手段でも情報が得られる工夫がされている。
- □ 色の塗り分けの境界には，輪郭線を入れ，色が見分けやすくなっている。
- □ グラフや図など色を塗り分ける場合は，ハッチング（模様）などが併用されている。
- □ グラフや図などの線に色をつける場合は，線種や太さを変えるなどが併用されている。
- □ グラフや図には可能なかぎり，凡例ではなく，引き出し線などで直接説明が書かれている。

○見分けにくい色の組み合わせの例

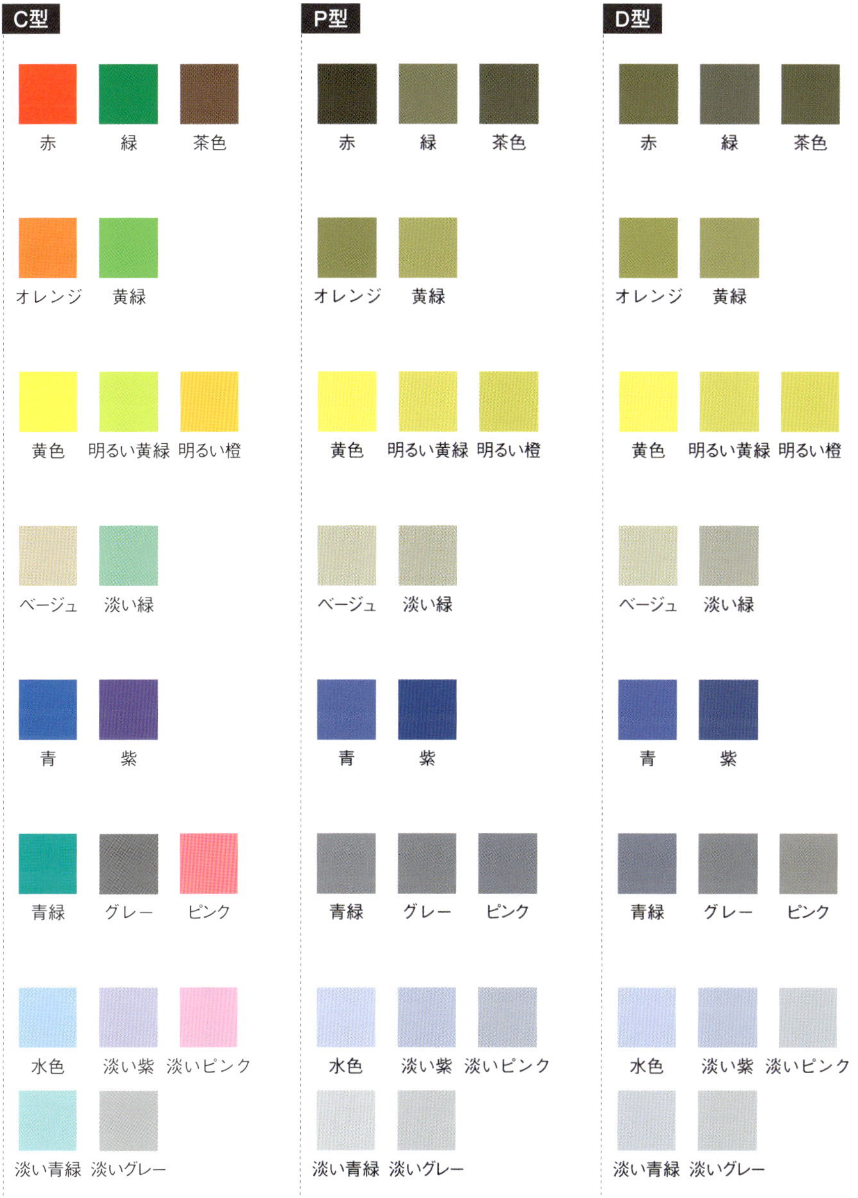

C型
赤 緑 茶色
オレンジ 黄緑
黄色 明るい黄緑 明るい橙
ベージュ 淡い緑
青 紫
青緑 グレー ピンク
水色 淡い紫 淡いピンク
淡い青緑 淡いグレー
P型
赤 緑 茶色
オレンジ 黄緑
黄色 明るい黄緑 明るい橙
ベージュ 淡い緑
青 紫
青緑 グレー ピンク
水色 淡い紫 淡いピンク
淡い青緑 淡いグレー
D型
赤 緑 茶色
オレンジ 黄緑
黄色 明るい黄緑 明るい橙
ベージュ 淡い緑
青 紫
青緑 グレー ピンク
水色 淡い紫 淡いピンク
淡い青緑 淡いグレー

※本書のシミュレーション（疑似変換）画像は，色弱者の色の見分けにくさを再現したものであり，色弱者が感じている色を完全に再現したものではありません。

○見分けやすい色の組み合わせの例（身近にあるペンを例にとった例）

◉細いペンの場合

黒，赤，青の3色のボールペンがあり，見分けやすい組み合わせを選びたい場合

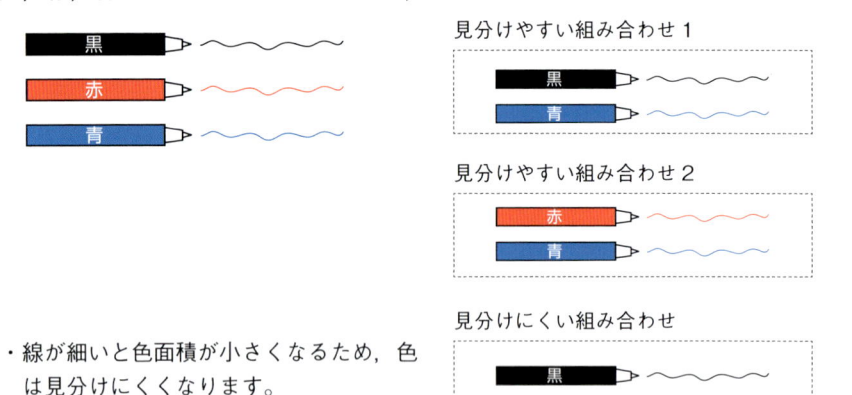

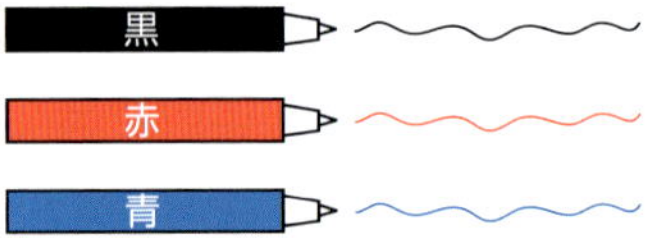

見分けやすい組み合わせ1

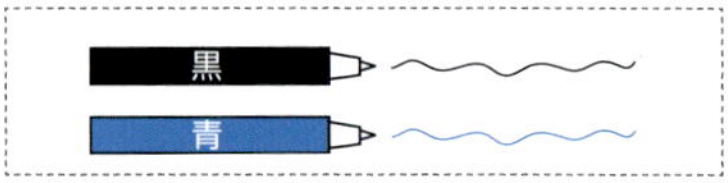

見分けやすい組み合わせ2

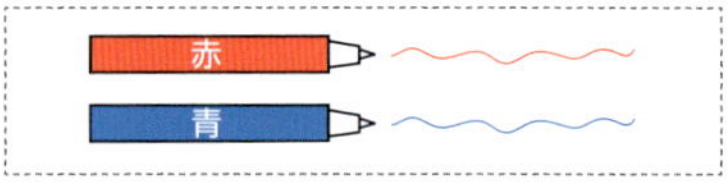

見分けにくい組み合わせ

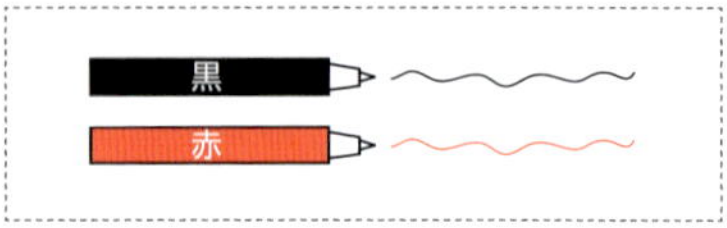

・線が細いと色面積が小さくなるため，色は見分けにくくなります。

◉太いペンの場合

12色のマジックがあり，見分けやすい4色を選びたい場合

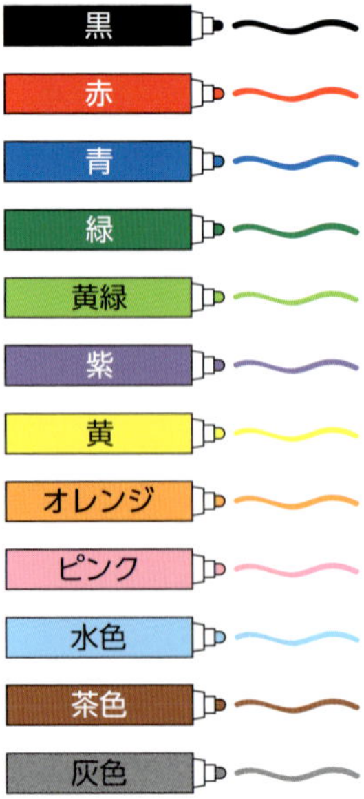

〈見分けやすい組み合わせの例〉

例1

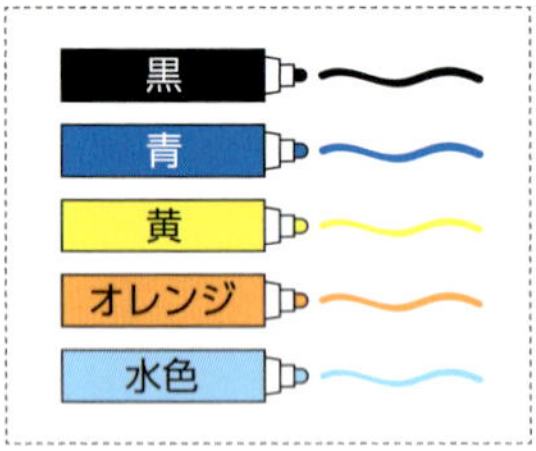

シミュレーション

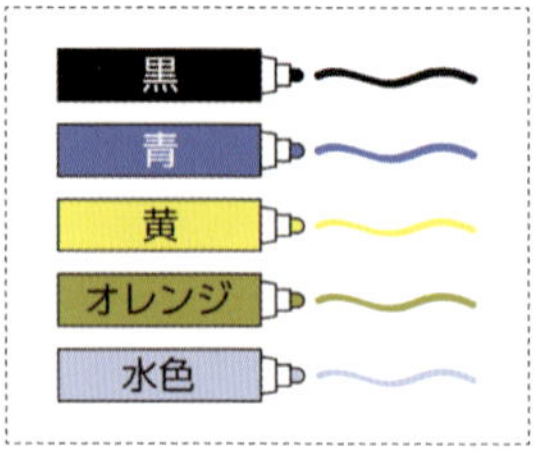

例2

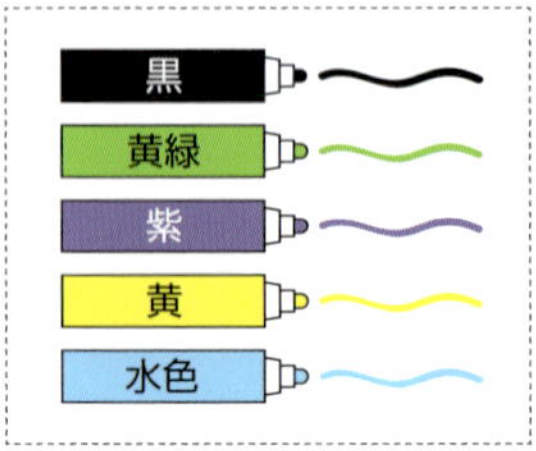

シミュレーション

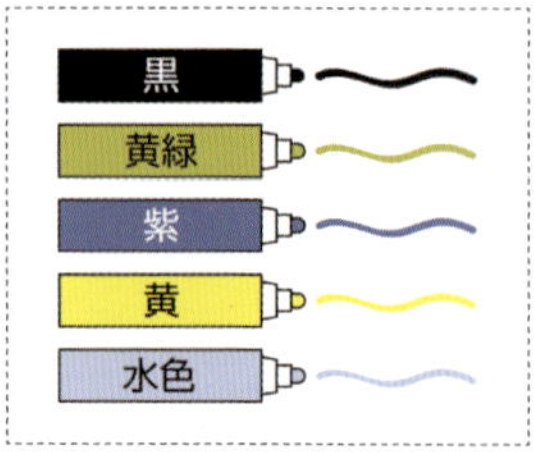

〈見分けにくい組み合わせの例〉

例 1

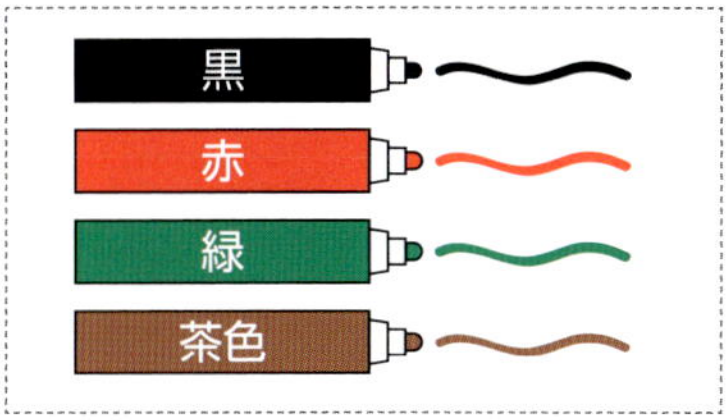
黒
赤
緑
茶色

シミュレーション

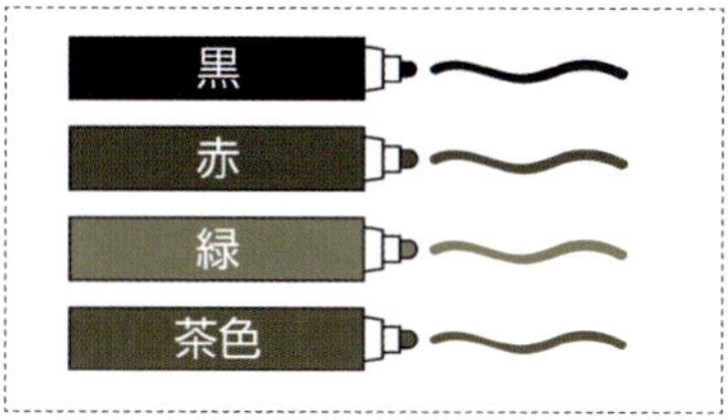
黒
赤
緑
茶色

例 2

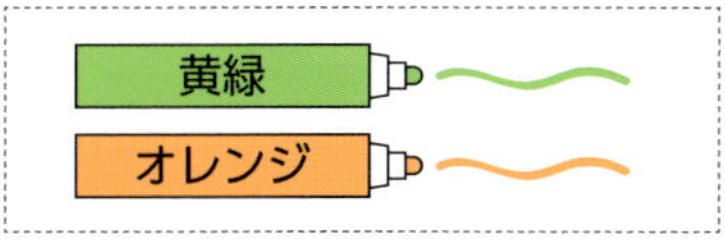
黄緑
オレンジ

シミュレーション

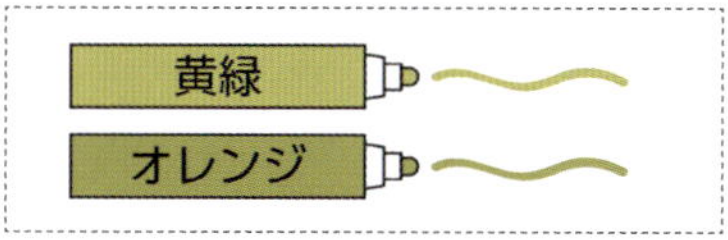
黄緑
オレンジ

例 3

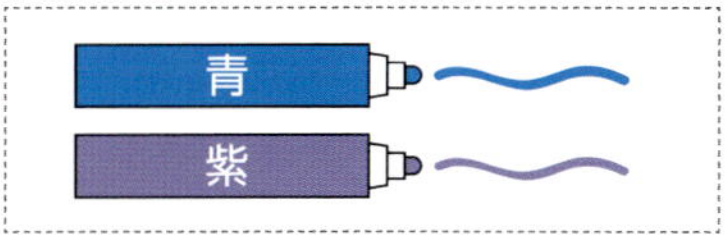
青
紫

シミュレーション

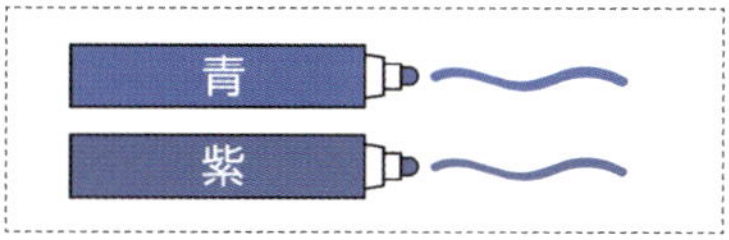
青
紫

例 4

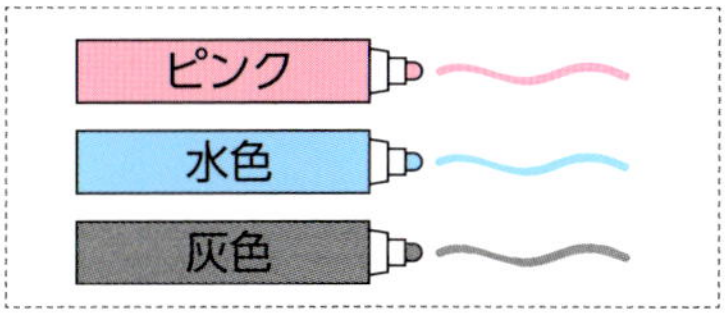
ピンク
水色
灰色

シミュレーション

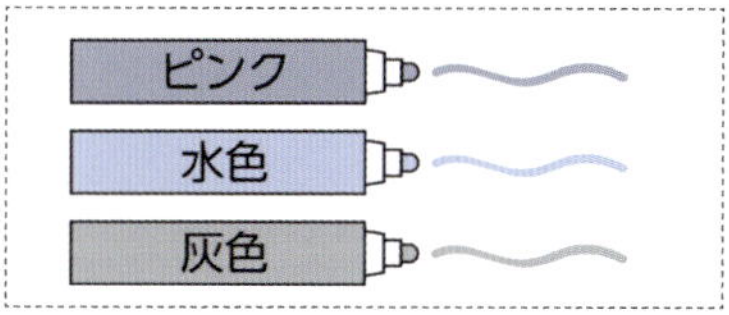
ピンク
水色
灰色

・上記は，白い紙に書いた場合の例です。
　色の見え方は，紙の材質や紙の色によって変わるので注意しましょう。
・見分けにくい色の組み合わせはメーカーによって多少異なります。

○見分けやすいチョークの例

　eye チョーク（日本理化学工業）は､「色の明度や彩度に差をつけた４色（朱赤，黄，青，緑）を使用することで，さまざまな色覚特性を持つ方々にとって色の識別がしやすく」なっているチョークです。CUDO の認定を得ています。

C 型の
見え方

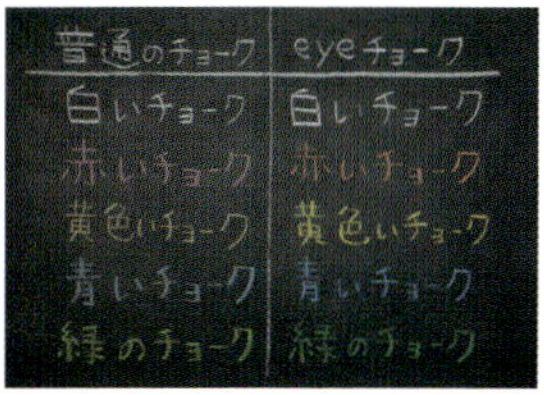
普通のチョーク
eyeチョーク
白いチョーク
白いチョーク
赤いチョーク
赤いチョーク
黄色いチョーク
黄色いチョーク
青いチョーク
青いチョーク
緑のチョーク
緑のチョーク

シミュレーション

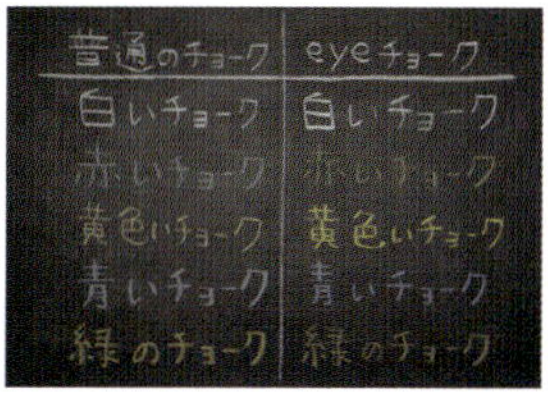
普通のチョーク
eyeチョーク
白いチョーク
白いチョーク
赤いチョーク
赤いチョーク
黄色いチョーク
黄色いチョーク
青いチョーク
青いチョーク
緑のチョーク
緑のチョーク

○遺伝について

XY …男性　XX …女性

A
父 XY　母 XX
子ども：XY　XY　XX　XX

B
父 XY　母 XX（色弱の遺伝子）保因者
子ども：XY　XY 色弱者　XX　XX 保因者

C
父 XY 色弱者　母 XX
子ども：XY　XY　XX 保因者　XX 保因者

D
父 XY　母 XX 色弱者
子ども：XY 色弱者　XY 色弱者　XX 保因者　XX 保因者

E
父 XY 色弱者　母 XX 保因者
子ども：XY 色弱者　XY　XX 色弱者　XX 保因者

F
父 XY 色弱者　母 XX 色弱者
子ども：XY 色弱者　XY 色弱者　XX 色弱者　XX 色弱者

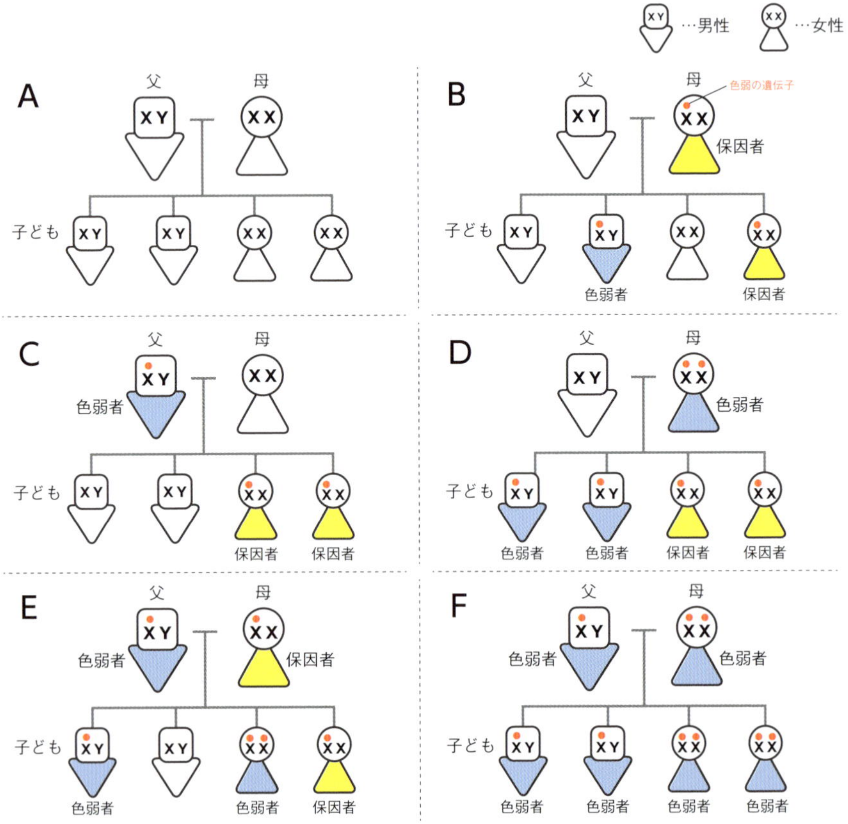

　色に関わっているのは細胞の核の中にある性染色体で，「X染色体」と「Y染色体」の2つがあります。XとYの形を体にたとえると，上の「V」の部分が体，下の部分が足です。足が1本あるものが「Y染色体」，足が2本あるものが「X染色体」です。男性には，Y染色体とX染色体が1つずつ備わっています。女性には，X染色体が2つ備わっていてY染色体はありません。

　X染色体の2本の足のうち1本の足が，赤と緑の色を見分ける視細胞の遺伝子を持っています（Y染色体はこの遺伝子を持っていません）。
・男の子に備わっているX染色体は1つですので，X染色体の2本の足のうち1本が色弱の遺伝子を持っていると，色弱になります。
・女の子に備わっているX染色体は2つですので，2つのX染色体の足のうちそれぞれ1本ずつが色弱の遺伝子を持っていると，色弱になります。2つのX染色体のうち1つの染色体の足の1本が色弱の遺伝子を持っている女の子は，「保因者」と呼びます。色の見え方は一般的な色覚と似ています。

○カラーユニバーサルデザインに関連する資料

『カラーユニバーサルデザイン』

（NPO 法人カラーユニバーサルデザイン機構 著／ハート出版／ 2009 年）

「あなたの情報は伝わっていますか？」――色弱の人の色の世界を再現しつつ，豊富な具体例をもとに解決策を提案。カラーユニバーサルデザインについてもう少し深く知りたい方におすすめの本です。

『カラーユニバーサルデザインの手引き』

（教育出版 CUD 事務局 著・NPO 法人カラーユニバーサルデザイン機構 監修／教育出版／ 2012 年）

誰にとっても判別しやすい配色を選ぶためのノウハウを，ケーススタディで解説。文字，目次やインデックス，地図や図形，グラフの彩色の実践例がわかりやすく掲載されています。

『色覚問題に関する指導の手引き』（文部省／ 1989 年）

『色覚に関する指導の資料』（文部科学省／ 1994 年）

教職員は色弱の子どもについて正しく理解し，学習・進路のそれぞれにおいて適切な指導を行う必要があるとして，学校での指導のあり方を示す資料が発行され，全国の学校に配布されています。WEB サイトからダウンロードして読むこともできます。

『色弱が世界を変える』（伊賀公一 著／太田出版／ 2011 年）

色弱の当事者が書いた 1 冊。「一般色覚者は色弱者を知る。色弱者は一般色覚者を知る。その違いを認識し，お互いに理解しあうことは必要であるだけでなく，実はとても楽しいものなのだということを知っていただければと思います。（略）あなたが相手を丸ごと理解しようと試みたとき，初めてその色覚も理解され，未来につながる道が托かれるのだと私は信じます」（同書より）

『色弱の子を持つすべての人へ――20 人にひとりの遺伝子』

（栗田正樹 著／北海道新聞社／ 2008 年）

色弱の当事者が書いた 1 冊。「色覚は個性　小さな工夫で誰にもみやすく。『子どもが色弱かも？』『進学・就職は？』心配いりません。周りの人の愛情と社会の小さな心遣いがあれば大丈夫」（同書より）

『色のユニバーサルデザイン』

（㈶日本色彩研究所 著・㈳全国服飾教育者連合会 監修／グラフィック社／ 2012 年）

「色の基礎」「色のユニバーサルデザイン」「実践」の３部構成でわかりやすく色表示の仕方を解説。印刷物やウェブを制作する際の「誰もが見分けやすく美しい色の選び方」が掲載されています。

著者，監修・協力者紹介

彼方　始（かなた はじめ）

1971年生。独学で墨絵を描き始め，ほっこりさせる作品で知られる。
2007年よりCUD普及活動を応援している。

NPO法人 カラーユニバーサルデザイン機構（CUDO）

社会の色彩環境を，多様な色覚をもつさまざまな人々にとって使いやすいものに改善してゆくことで，「人にやさしい社会づくり」をめざすNPO法人。
企業・自治体・団体等に対してカラーユニバーサルデザイン（CUD）に関する科学的で実用的な助言を行う活動を，幅広い理解を得ながら継続的に行える組織として，2004年10月に特定非営利活動法人Color Universal Design Organization（略称CUDO）を設立。
CUDを推進・普及・発展させるために，教科書のカラーユニバーサルデザイン化をはじめ多くの印刷物や製品などに対する検証・CUDマークの発行のほか，普及・啓発・研究などの事業活動を行っている。
http://www.cudo.jp

考えよう　学校のカラーユニバーサルデザイン

2013年５月29日　初版第１刷発行
2017年12月13日　初版第３刷発行

著　　　者：彼方　始
監修・協力者：NPO法人 カラーユニバーサルデザイン機構（CUDO）
発　行　者：伊東千尋
発　行　所：教育出版株式会社
〒101-0051　東京都千代田区神田神保町2-10
TEL 03-3238-6965　FAX 03-3238-6999

Printed in Japan
落丁本・乱丁本はお取り替えいたします。

組版　教育出版DTP室
印刷　三美印刷
製本　上島製本

ISBN978-4-316-80348-7　C3037